Heile Deinen Darm

Der ultimative Leitfaden für Anfänger zur Heilung des Darms – Endlich heilen & das Gleichgewicht in Ihrem Körper wiederherstellen.

(+50 nahrhafte und erholsame Rezepte)

Von Jennifer Louissa

Für weitere Bücher besuchen Sie bitte:

HMWPublishing.com

Ein anderes Buch kostenlos erhalten

Ich möchte mich bei Ihnen für den Kauf dieses Buches bedanken und Ihnen ein weiteres Buch (genau so lang und wertvoll wie dieses Buch), „Gesundheits- & Fitnessfehler, von denen Sie nicht wissen, dass Sie sie machen", völlig kostenlos anbieten.

Besuchen Sie den unten stehenden Link, um sich anzumelden und es zu erhalten:

www.hmwpublishing.com/gift

In diesem Buch werde ich die häufigsten Gesundheits- & Fitnessfehler aufschlüsseln, die Sie wahrscheinlich gerade begehen, und ich werde aufzeigen, wie Sie sich leicht in die beste Form Ihres Lebens bringen können.

Zusätzlich zu diesem wertvollen Geschenk haben Sie auch die Möglichkeit, unsere neuen Bücher kostenlos zu bekommen, an Gewinnspielen teilzunehmen und andere wertvolle E-Mails von mir zu erhalten. Besuchen Sie den Link, um sich anzumelden:

www.hmwpublishing.com/gift

INHALTSVERZEICHNIS

Einführung 9

Kapitel 1: Ihr Darm und seine Bedeutung für Ihr Gesundheit 13

Verständnis der menschlichen Anatomie 14

Der Körper ist ein menschlicher Wirt. 15

Was bestimmt Ihre Darmgesundheit? 16

Die Darmbarriere 18

Der Darm: Das zweite Gehirn 21

Der Darm: Der Schlüssel zu Ihrem Immunsystem 23

Kapitel 2: Ursachen und Auswirkungen eines schlechten Darm- und Flora-Ungleichgewichts 25

Häufige Hauptursachen für schlechte Darmgesundheit 25

Chronischer Stress 25

Dysbiose 26

Umweltschadstoffe 27

Übermäßiger Konsum von alkoholischen Getränken 28

Schlechte Essensauswahl 29

Verwendung von Medikamenten 29

Lektine 31

Auswirkungen des Flora-Ungleichgewichts 31

Autoimmunerkrankungen 31

Psychische Gesundheit 32

Schlechte Gesundheit des Immunsystems 34

Überwucherung von Darmbakterien (SIBO) 38

Kapitel 3: Anzeichen eines durchlässigen Darms ..39

Symptome im Darm 39

Allgemeine Symptome 40

Der durchlässige Darm ohne Symptome 45

Kapitel 4: Heilen Sie Ihren Darm 46

Wie man die Gesundheit des Darms erhält und wiederherstellt 46

Essen Sie traditionelle Gerichte 48

Milchsäure-Hefe-Waffeln essen 50

Erwägen Sie intermittierendes Fasten. 52

Praktizieren Sie Meditation 52

Bewegen Sie sich 53

Nehmen Sie hochwertige Probiotika ein 53

Führen Sie eine Dichtheitsprüfung durch 54

Behandlung von Darmpathogenen 54

Erwägen Sie, Vollkornprodukte in Ihre Ernährung aufzunehmen. 56

Kapitel 5: Gesunde Rezepte 60

Knochenbrühe und andere Suppenrezepte 60

Rezept # 1 - Knochenbrühe 60

Rezept # 2 - Hühnerknochensuppe 64

Rezept # 3 - Geröstetes Knochenmark 68

Rezept # 4 - Hausgemachte Fleischbrühe 70

Rezept # 5 - Thailändische Karottensuppe 73

Rezept # 6 - Muschelsuppe 76

Rezept # 7 - Hühnersuppe und Kartoffelcreme 79

Rezept # 8 – Hühnerzoodles Faux Pho 83

Rezept # 9 - Crock Pot Pho 85

Rezept # 10 - Cremefarbene Brokkoli-Suppe 91

Milchshakes, Säfte und andere entgiftende Getränke 94

Rezept # 11- Natürliches Ingwerbier 94

Rezept # 12- Kokosnusswasser-Kefir 96

Rezept # 13 - Orangensaft-Detox 98

Rezept # 14 – Darmberuhigender Ingwer- & Rotulmentee 100

Rezept # 15 – Darmheilender Smoothie 102

Rezept # 16 - Entzündungshemmende Kurkuma-Milch 104

Rezept # 17 - Gurken-/Koriandersaft 107

Rezept # 18 - Gurken- und Minzgetränk 109

Rezept # 19 - Revitalisierender Papayashake 111

Rezept # 20 - Grünes Getränk für den Darm 113

Rezepte gegen einen undichten Darm 117

Rezept # 21- Superfood-für-den-Darm-Burger 117

Rezept # 22 - Lachs mit Kräutern 120

Rezept # 23 – Darmfreundliches Frühstücksei 123

Rezept # 24 - Hühnercurry mit Kokosnuss 126

Rezept # 25 - Süßkartoffeln gefüllt mit Speck 129

Rezept # 26 - Fleischige Zucchini mit Zwiebeln und Pilzen 132

Rezept # 27 – Puten-Tortilla-Sandwich 135

Rezept # 28- Gurken- und Krabbensalat 138

Rezept # 29 - Einfacher Brokkoli-Salat 140

Rezept # 30 - Israelischer Salat mit gegrilltem Huhn 142

Rezept # 31 - Geräucherte Forelle mit Zitrone 145

Rezept # 32 - Zucchini-Nudeln 148

Rezept # 33 - Würziger darmfreundlicher Salat mit Fischkuchen 150

Rezept # 34 – Speck-Huhn-Walnuss-Salat 154

Rezept # 35 - Spanische Wurst und gekochte Eier 156

Rezept # 36 - Italienischer gegrillter Brokkoli 159

Rezept # 37 - Räucherlachs-Frühstück 162

Rezept # 38 - Scharfe Garnelen und Avocado-Turm 165

Rezept # 39 - Gebackener Seebarsch mit Zitronen-Kapern-Dressing 168

Rezept # 40 - Speck -ortilla-Wedges - Sommersalatrezept 171

Rezept # 41 - Lachs und Spinat mit Tartarcreme 174

Rezept # 42 - Schnelle und einfache Mischung aus schwarzem Reis 177

Rezept # 43 - Haferflockenbrei mit Fruchtleckereien 180

Rezept # 44 - Kokoshuhn mit Spinat 183

Rezept # 45 - Gebratener Ingwerlachs 186

Rezept # 46 – Die ultimativen Nudeln für einen gesunden Darm 189

Rezept # 47 - Kombucha 192

Rezept # 48 - Knusprige Frühlingsrolle 195

Rezept # 49 - Daikon-Endiviensalat 200

Rezept # 50 - Zucchini-Nudeln mit Wurst und gerösteter Knoblauchsauce 203

SCHLUSSWORTE **206**

Ein weiteres Buch kostenlos erhalten **212**

Einführung

Ich möchte Ihnen danken und Ihnen gratulieren, dass Sie sich für das Buch „Der ultimative Leitfaden für Anfänger zur Heilung Ihres Darms" entschieden haben.

Das Leben in dieser modernen Zeit hat viele Konsequenzen, einschließlich Stress, Angst und Depression. Möglicherweise stellen Sie jedoch nicht fest, dass all dies eindeutige Indikatoren für Probleme sind, die mit Ihrer Darmgesundheit zusammenhängen. Obwohl Sie es vielleicht überraschend finden, dass die Bakterien in Ihrem Darm viele Teile Ihres Körpers, einschließlich Ihrer psychischen Gesundheit, schädigen können, ist es genau das, was Studien uns jetzt sagen.

Darmpermeabilität oder ein geschädigter Darm sind mit Symptomen, die vielen Krankheiten ähneln, schwer zu diagnostizieren, aber eine der Hauptursachen ist das Überwachsen von Candida, die die Darmstruktur umfasst.

Dieses Buch „Heilen Sie Ihren Darm: Der ultimative Leitfaden für Anfänger zum Heilen eines undichten Darms" enthält bewährte Schritte und wirksame Strategien, wie Sie Ihren Darm heilen und sich vor chronischen und tödlichen Krankheiten schützen können. Sie werden ebenfalls entdecken, wie Sie herzhafte und köstliche Mahlzeiten genießen können, während Sie Ihrem Darm dabei helfen, sich von einer unausgewogenen Darmflora zu erholen.

Darüber hinaus erfahren Sie, warum eine gesunde Ernährung für die Aufrechterhaltung eines gesunden Darms unerlässlich ist. Ebenso können Sie sich vor dem Angriff schädlicher Mikroben schützen, die dazu führen können, dass Ihr Immunsystem zusammenbricht und Sie schutzlos werden. Schließlich werden Sie einen beispielhaften, darmfreundlichen Plan und Rezepte gegen einen geschädigten Darm enthalten, um Ihre Mahlzeiten vollständig, sättigend und angenehm zu gestalten! Nochmals vielen Dank, dass Sie sich für dieses Buch entschieden haben. Ich wünsche Ihnen viel Spaß beim Lesen!

Bevor Sie beginnen, empfehlen ich Ihnen, sich für unseren E-Mail-Newsletter anzumelden, um über neue Buchveröffentlichungen oder Werbeaktionen informiert zu werden. Sie können sich kostenlos anmelden und erhalten als Bonus ein kostenloses Geschenk: unser Buch „Gesundheits- & Fitnessfehler, von denen Sie nicht wissen, dass Sie sie machen"! Dieses Buch wurde geschrieben, um zu entmystifizieren, die wichtigsten Vor- und Nachteile aufzudecken und Sie endlich mit den Informationen auszustatten, die Sie benötigen, um sich in der besten Form Ihres Lebens zu befinden. Aufgrund der überwältigenden Menge an Fehlinformationen und Lügen, die von Magazinen und selbsternannten „Gurus" erzählt werden, wird es immer schwieriger, zuverlässige Informationen zu erhalten, um in Form zu kommen. Im Gegensatz zu dutzenden von voreingenommenen, unzuverlässigen und nicht vertrauenswürdigen Quellen, um Ihre Gesundheits- und Fitnessinformationen zu erhalten. In diesem Buch ist alles aufgeschlüsselt, was Sie brauchen, damit Sie es leicht nachvollziehen und sofort Ergebnisse erzielen können, um Ihre gewünschten Fitnessziele in kürzester Zeit zu erreichen.

Um sich für unseren kostenlosen E-Mail-Newsletter anzumelden und ein kostenloses Exemplar dieses wertvollen Buches zu erhalten, besuchen Sie bitte den Link und melden Sie sich jetzt an: www.hmwpublishing.com/gift

Kapitel 1: Ihr Darm und seine Bedeutung für Ihr Gesundheit

Vor vielen Jahrhunderten war es Hippokrates, der sagte, dass Krankheiten im Darm beginnen, aber erst in den letzten zwei Jahrzehnten hatten Forschungsstudien bewiesen und offenbart, wie richtig er war, als er dies sagte. Studien haben gezeigt, dass unser Darm in der Tat entscheidend für unsere allgemeine Gesundheit ist und dass ein ungesunder Darm ein perfekter Wirt für eine Vielzahl von Krankheiten ist. Dies umfasst Fettleibigkeit, Arthritis, Depressionen, chronische Müdigkeit, entzündliche Erkrankungen und vieles mehr.

Diese Entdeckung lässt viele Forscher glauben, dass die Sorge um die Darmgesundheit und die Wiederherstellung der effizienten Funktion und Integrität der Darmbarriere das Hauptanliegen des medizinischen Wortes im 21. Jahrhundert sein wird.

Verständnis der menschlichen Anatomie

Stellen Sie sich ein Computersystem vor, das aus verschiedenen Teilen besteht, die separat funktionieren und doch zusammenarbeiten, um das gesamte Computersystem funktionsfähig zu machen. Wenn ein Teil davon funktionsunfähig wird, wirkt sich dies auf den gesamten Prozess aus und führt letztendlich zu einem Totalausfall, wenn er nicht rechtzeitig repariert wird.

Unser menschlicher Körper funktioniert genauso wie ein Computer. Es besteht aus verschiedenen Systemen, die irgendwie miteinander zusammenhängen und zusammenarbeiten, um uns einen gesunden physischen Körper zu geben. Wenn es also Probleme mit einem Teil gibt – wie bei unserem Verdauungssystem – wirkt sich dies auf unsere allgemeine Gesundheit aus. Und wenn wir es vernachlässigen oder ablehnen, es angemessen zu pflegen oder zu beachten, führt dies auf lange Sicht zu einem ernsteren Problem.

Der Körper ist ein menschlicher Wirt.

Unser Körper beherbergt Milliarden von Keimen, Viren, Bakterien, Pilzen und anderen mikrobiellen Erregern – in der Tat ist unser Körper eine Mikrobiota. Eine menschliche Mikrobiota besteht aus 10-100 Billionen symbiotischen Mikrobiota. Zum Glück sind die meisten davon gesundheitsfördernd. Die meisten dieser kleinen Lebewesen, die wir in unserem Körper tragen, leben im Darm, der ungefähr 1,5 Kilogramm wiegt und von tausend verschiedenen Arten ist. Viele dieser Arten müssen noch von der Wissenschaft entdeckt werden.

Entscheidend für unser Darmbiom sind die verschiedenen Stämme von Bifidobacterium, die im Dickdarm und im Lactobacillus im Dünndarm vorkommen. Durch verschiedene Faktoren wie Stress, schlechte Ernährung und den Einsatz von Antibiotika kann sich deren Verhältnis und Lage im Darm ändern, was zu einer Vielzahl von gesundheitlichen Problemen führen kann.

Was bestimmt Ihre Darmgesundheit?

Es gibt zwei signifikante und verschiedene miteinander verbundene Variablen, die Ihre Darmgesundheit bestimmen: die Darmflora oder Darmmikrobiota und die Darmbarriere.

Ein menschlicher Darm enthält eine beträchtliche Anzahl von Bakterien, die das Zehnfache der Menge menschlicher Zellen im gesamten Körper beträgt, wobei 400 verschiedene Bakterienarten bekannt sind. Ihre Darmflora oder Darmflora ist eine Gemeinschaft von Mikroorganismen, die Ihren Verdauungstrakt besetzen. Sie bilden einen Teil der menschlichen Mikrobiota, die aus allen Organismen besteht, die in Ihrem Körper leben, und die das Wachstum von schädlichen Bakterien hemmen, die Infektionen verursachen.

Erst kürzlich konnte die Menschheit das Ausmaß der Rolle der Darmflora für die menschliche Gesundheit und Krankheiten verstehen. Zu den lebenswichtigen Funktionen der Darmflora gehören die Folgenden:

- Fördert normale Magen-Darm-Funktionen
- Schützt vor Infektionen
- Reguliert den Stoffwechsel
- Besteht zu mehr als 75 Prozent aus unserem Immunsystem.

Eine deregulierte Darmflora wurde mit Krankheiten wie Depressionen, Autismus und anderen Autoimmunerkrankungen wie Typ-1-Diabetes, Hashimoto und entzündlichen Darmerkrankungen in Verbindung gebracht.

Die Darmbarriere

Jetzt wissen wir, dass unser Darm diesen zahlreichen Bakterien als Schutz dient, aber haben Sie jemals darüber nachgedacht, was passieren wird, wenn dieser Darminhalt aus ihm gestreut wird?

Der Darm ist eine hohle Röhre, die durch den Mund geht und am Anus endet. Alles, was in den Mund gelangt und nicht verdaut und in Nährstoffe zerlegt wird, gelangt direkt ans andere Ende der Passage. Die primäre Funktion der Darmbarriere besteht darin, zu entscheiden, was in den Körper gelangt und was nicht. Sie dient als Pförtner des Körpers.

Daher können große Proteinmoleküle durch die Blutbahn entweichen, wenn die Darmbarriere durchlässig wird, wie dies bei einem Leaky-Darm-Syndrom der Fall ist. Da diese Moleküle im Darm verbleiben sollten, führt ihr Entweichen zum Körper automatisch zu einer Immunantwort und greift sie an. Studien zeigen, dass solche Attacken eine bedeutende Rolle bei der Entwicklung und dem Ausbruch von

Autoimmunerkrankungen spielen. Dr. Alessio Fasano, Experte für Schleimhautbiologie, ist der Ansicht, dass ein undichter Darm eine Voraussetzung für die Entwicklung von Autoimmunerkrankungen ist.

Ebenso gibt es zunehmend Hinweise darauf, dass ein Darmleck bei verschiedenen Autoimmunerkrankungen wie Zöliakie und Typ-1-Diabetes eine pathogene Rolle spielt. Daher ist es notwendig, die Darmbarriere zu stärken, um eine Autoimmunität gegen verschiedene Krankheiten zu entwickeln. Dies zeigt auch, dass die Integrität der Darmbarriere für die Vorbeugung von Autoimmunerkrankungen von entscheidender Bedeutung ist.

Diese Entdeckung besagt, dass die Darmbarriere hauptsächlich bestimmt, ob Ihr Körper die giftigen Substanzen, die Sie von außen aufnehmen, toleriert oder darauf reagiert. Die Schäden in der Darmbarriere, die in einem undichten Darm unmittelbar bevorstehen und durch Lebensmittelgifte wie Gluten und chemische Substanzen wie

Arsen oder BPA verursacht werden, können eine Immunantwort hervorrufen, die nicht nur den Darm, sondern auch andere Organe und Gewebe im Körper betrifft. Dazu gehören die Niere, die Leber. Bauchspeicheldrüse, Gehirn und das gesamte Skelettsystem.

Es ist wichtig zu verstehen, dass Sie keine Darmsymptome haben müssen, um einen undichten Darm zu haben. Ein undichter Darm kann andere Erscheinungsformen von Hautproblemen aufweisen, einschließlich Ekzemen, Psoriasis und Autoimmunerkrankungen, die die Schilddrüse oder Gelenke betreffen, Depressionen aufgrund einer psychischen Erkrankung, Störung des Autismus-Spektrums und vieles mehr.

Forscher haben auch entdeckt, dass ein Protein namens Zonulin die Darmpermeabilität bei Menschen und Tieren erhöhen kann. Bei den meisten Autoimmunerkrankungen – Multiple Sklerose, Typ-1-Diabetes, Zöliakie, rheumatoide Arthritis und entzündliche Darmerkrankungen – wurden abnormal hohe Zonulinspiegel festgestellt, die normalerweise durch einen undichten Darm gekennzeichnet sind.

Der Darm: Das zweite Gehirn

Haben Sie sich jemas gefragt, warum wir Magenkrämpfe oder Schmetterlinge in unserem Magen haben, wenn wir Lampenfieber erleben, während unser Geist aufhört zu arbeiten? Es gibt auch Zeiten, in denen wir uns auf unser Bauchgefühl verlassen, um Entscheidungen zu treffen oder unserem Bauchgefühl zu vertrauen, um Gefahr zu spüren. Wir werden oft gebeten, uns in unserem Darm zu informieren, wenn wir mit Situationen konfrontiert sind, die unsere Nerven und Entschlossenheit auf die Probe stellen. Das liegt daran, dass wir zwei Gehirngruppen haben – eine mit einem Schädel und das, was wir oft als unseren Kopf bezeichnet haben. Der andere ist weniger populär, aber auch lebenswichtig und befindet sich dort in unserem Magen – im Darm.

Diese beiden Gehirne sind stark miteinander verbunden und funktionieren fast auf die gleiche Weise: Sie senden Signale an andere Körperteile und alarmieren sie, wenn Gefahr droht. Wenn ein Gehirn verärgert ist, ist das auch das andere, so die Wissenschaftsjournalistin Sandra Blakeslee von der *New York Times*.

Der Verdauungstrakt enthält mehr als eine Million Nervenzellen, die fast so groß sind wie die im Rückenmark. Es gibt mehr Nervenzellen im Verdauungssystem als im peripheren Nervensystem. Darüber hinaus sind wichtige Neurotransmitter, die sich im Gehirn befinden, einschließlich Serotonin, Glutamat, Dopamin, Stickoxid und Noradrenalin, ebenfalls in großer Menge im Darm vorhanden. Die natürlichen Opiate des Körpers – Enkephaline kommen auch im Darm vor, ebenso Benzodiazepine, eine psychoaktive Chemikalie, die die Stimmung steuert. Wenn Sie also eine schwache Verdauungsgesundheit haben, kann dies zu Stimmungsstörungen und anderen Formen von neurologischen Störungen führen.

Der Darm: Der Schlüssel zu Ihrem Immunsystem

Neben seiner Bedeutung für Ihre geistige und emotionale Gesundheit spielt das Verdauungssystem eine entscheidende Rolle für Ihre natürliche Immunität gegen verschiedene Arten von Krankheiten. Das liegt daran, dass Ihr Darm steril ist und ein Ökosystem aus Bakterien und Hefen ist, die für Ihre Gesundheit am vorteilhaftesten sind, obwohl es andere gibt, die giftig sind.

Wenn das Darmökosystem gesund ist, können diese nützlichen Hefen und Bakterien schädliche Mikroorganismen in Ihrem Verdauungstrakt fernhalten. Aber wenn es ein Ungleichgewicht gibt oder wenn eine Dysbiose auftritt, führt dies zu einem Überwachsen von Pilzen und anderen Krankheitserregern, was zu zahlreichen gastrointestinalen Störungen führt.

Wie in allen Ökosystemen können einige chemische Substanzen, die in Antibiotika, Fluorid in Wasser, Konservierungs- und Zusatzstoffen in Lebensmitteln, Stimulanzien in Kaffee und vielen schwer verdaulichen Lebensmitteln wie nicht richtig zubereiteten

Vollkornprodukten enthalten sind, das empfindliche Gleichgewicht des Verdauungstrakts verändern. Sobald das Gleichgewicht in der Menge der Mikroorganismen in Ihrem Darm aus dem Gleichgewicht gerät und die Vermehrung schädlicher Bakterien zunimmt, beginnen schlechte Bakterien Toxine zu produzieren, die die Immunantwort schwächen können. Sie können auch die richtige Aufnahme von Nährstoffen beeinträchtigen. Aus diesem Grund gibt es Fälle, in denen eine Person aufgrund eines unzureichenden Verdauungssystems eine nährstoffreiche Ernährung zu sich nehmen und einen Mangel an geeigneten Nährstoffen haben kann.

Kapitel 2: Ursachen und Auswirkungen eines schlechten Darm- und Flora-Ungleichgewichts

Es ist schwierig, eine einzige Ursache für ein Leaky-Gut-Syndrom zu finden, aber einige häufige Ursachen führen häufig dazu, dass das Gleichgewicht der Darmflora gestört wird. Lassen Sie uns einige dieser Faktoren diskutieren, die zu einer Erkrankung Ihres Darms führen..

Häufige Hauptursachen für schlechte Darmgesundheit

Chronischer Stress

Wenn Sie unter anhaltendem Stress leiden, ändert sich die Fähigkeit Ihres Immunsystems, schnell zu reagieren, und wirkt sich auf Ihre Heilungsfähigkeit aus. Jedes Mal, wenn Ihr Körper das Gefühl hat, in einer Notsituation zu sein, und dies passiert, wenn Sie unter Stress stehen, bereitet er sich auf einen Kampf- oder Flugmodus vor und produziert

Hormone wie Adrenalin, um Ihnen aus der Gefahr zu helfen. Wenn dies jedoch häufig vorkommt, kommt es zu einer Überproduktion Ihres Adrenalins, wodurch Ihr Insulinresistent wird und Ihr Körper seine Fähigkeit verliert, Gefahren wahrzunehmen. Es kann nicht mehr den Unterschied zwischen typischem Alltagsstress und echtem Stress erkennen.

Sobald sich der Körper in einem realen Gefahrenzustand befindet, wie wenn er einem bösartigen Tier gegenübersteht, reagiert er auf diesen Stressfaktor, indem er weniger sekretorisches IgA oder sIgA produziert, eine der Frontlinien des körpereigenen Immunabwehrsystems, und verringert DHEA – ein Anti-Aging-Mittel, Anti-Stress-Nebennierenhormon. Es verlangsamt ebenfalls die Verdauung und die Peristaltik, vermindert die Durchblutung der Verdauungsorgane und produziert Metaboliten.

Dysbiose

Dysbiose ist eine Erkrankung, bei der ein mikrobielles Ungleichgewicht im Körper vorliegt, das zur Existenz eines undichten Darms beiträgt. Bei einer Überproduktion von

Candida, einem Pilz, der in vergleichbaren Mengen im Körper für die Aufnahme und Verdauung von Nährstoffen verantwortlich ist, kann er die Wände der Darmschleimhaut aufbrechen und in den Blutkreislauf eindringen. Candidiasis muss in Betracht gezogen werden, wenn der Verdacht auf einen undichten Darm besteht. Es gibt andere Parasiten und Mikroben wie Salmonellen, Amöben, Shigellen, Helicobacter, Giardien und viele andere, die die Darmschleimhaut reizen und gastrointestinale Symptome hervorrufen. Menschen mit Verdauungskrankheiten oder mit Verdauungsstörungen in der Anamnese neigen häufiger dazu, ein Leaky-Gut-Syndrom zu entwickeln.

Umweltschadstoffe

Täglich sind wir zahlreichen Umwelt- und Haushaltschemikalien ausgesetzt, die unsere Immunabwehr belasten und die Fähigkeit des Körpers zur Selbstreparatur beeinträchtigen. Dies kann zu einer chronischen Verzögerung notwendiger Routinereparaturen führen. Unser Immunsystem achtet auf viele Bereiche gleichzeitig und diejenigen, die weit vom Verdauungssystem entfernt sind, sind betroffen – das Bindegewebe bricht zusammen, wenn der Körper Spurenelemente wie Kalzium, Magnesium und Kalium verliert. Giftige Chemikalien verbrauchen unsere Reserven an Puffermineralien, verursachen Azidose in den Zellen und im Gewebe und schwellen in den Zellen an.

Übermäßiger Konsum von alkoholischen Getränken

Obwohl alkoholische Getränke einige Nährstoffe enthalten, werden viele Nährstoffe benötigt, um sie zu verarbeiten. Dazu gehören die B-Komplex-Vitamine. Alkoholische Getränke enthalten Stoffe, die auch für Zellen giftig sind. Wenn Alkohol in der Leber verarbeitet wird, werden Toxine abgebaut oder noch mehr im Körper gespeichert. Alkoholmissbrauch übt Druck auf die Leber aus, was die Verdauungskonkurrenz beeinträchtigt und den Darmtrakt weiter schädigt.

Schlechte Essensauswahl

Der Verzehr von ballaststoffarmer Nahrung kann die Zeit der Nahrungsverdauung verlängern, wodurch sich giftige Nebenprodukte ansammeln und die Darmschleimhaut reizen. Diäten mit stark verarbeiteten Lebensmitteln schädigen ebenfalls die Darmschleimhaut und sie enthalten ausnahmslos wenig Ballaststoffe und Nährstoffe, jedoch einen hohen Anteil an Lebensmittelzusatzstoffen, umstrukturierten Fetten und Zucker. Diese Art von Lebensmitteln fördert Entzündungen des Magen-Darm-Trakts (GI). Daher ist es wichtig zu wissen und sich daran zu erinnern, dass selbst Lebensmittel, die wir für gesund hielten, wie Weizen, Eier und Milch, tatsächlich die Darmschleimhaut reizen können.

Verwendung von Medikamenten

Es gibt Medikamente wie nichtsteroidale Medikamente wie Advil, Motrin und Aspirin, die die Bürstenränder beschädigen können und es teilweise verdauten Nahrungspartikeln sowie Toxinen und Mikroben ermöglichen, in den Blutkreislauf zu gelangen. Steroid-Medikamente und Empfängnisverhütung schaffen ebenfalls Bedingungen, die helfen, Pilze zu füttern, die die Darmschleimhaut schädigen. Andere Dinge, die das GI-Gleichgewicht erheblich stören können, sind Chemotherapie-Medikamente und Bestrahlung.

Lebensmittel- und Umweltsensibilität
Lebensmittel können zusammen mit Umweltsensitivitäten die Ursache für ein Lecky-Gut-Syndrom sein. Diese Empfindlichkeiten, auch als verzögerte Überempfindlichkeit bezeichnet, unterscheiden sich von echten Nahrungsmittelallergien. Die Verbreitung dieser Empfindlichkeiten ist heute weit verbreiteter als in den Vorjahren, da rund 24 Prozent der amerikanischen Erwachsenen angaben, Nahrungsmittel- und Umweltsensitivitäten zu haben.

Lektine

In erster Linie in Hülsenfrüchten gefunden, induzieren Lektine Mastzellen, Histamin zu produzieren. Die Darmbarriere in unserem Darm soll verhindern, dass Bakterien in unserer Nahrung in Ihren Blutkreislauf gelangen. Histamin, ein Entzündungsmediator, der durch Mastzellen, die Teil des Immunsystems sind, induziert wird, kommt auch in den von uns verzehrten Nahrungsmitteln vor und kann die Darmbarriere gefährden. Sie binden sich an die Darmschleimhaut, um sie undurchlässiger und poröser zu machen, was zu einem undichten Darm führt.

Auswirkungen des Flora-Ungleichgewichts

Autoimmunerkrankungen

Eine Autoimmunerkrankung kann auftreten, wenn Ihr Körper gesunde Zellen als Fremdkörper erkennt, die zu Entzündungen führen und schließlich zu einem Totalausfall Ihres Immunsystems führen. Wenn Ihr körpereigenes

Immunsystem versucht, gesunde Zellen auszurotten, macht dies Sie hilflos und ohne Verteidigung.

Obwohl die genaue Ursache von Autoimmunerkrankungen nicht bekannt ist, wird spekuliert, dass sie auftreten, wenn der Körper mit bösartigen Bakterien überfüllt ist. Derzeit sind mehr als 80 Autoimmunerkrankungen bekannt, die schwer zu erkennen sind und ähnliche Symptome aufweisen. Einige dieser Erkrankungen umfassen rheumatoide Arthritis, Morbus Crohn und Colitis ulcerosa.

Psychische Gesundheit

In Ihrer Darmwand befinden sich 500 Millionen Neuronen, aus denen Ihr enterisches Nervensystem (ENS) besteht, das eine wichtige Rolle bei der Produktion von rund 30 verschiedenen Neurotransmittern spielt. Das ENS oder das zweite Gehirn, wie es genannt wird, ist dafür verantwortlich, Ihre Stimmung auszugleichen, Ihre allgemeine geistige Gesundheit in Schach zu halten und Stress und Angst abzubauen. Die Sammlung von Neuronen im ENS hat dasselbe Zellgewebe wie das des Gehirns erzeugt und Ihre Gedanken und Gefühle erheblich beeinflusst.

In verschiedenen Forschungsstudien an Mäusen konnten Forscher feststellen, dass sich das Verhalten der Mäuse durch Veränderung ihrer Darmbakterien vollständig verändern lässt. In einem Experiment wurde einer Gruppe schüchterner Mäuse das Darmbakterium verabreicht, das einer Gruppe von Mäusen entnommen worden war, die mutig und abenteuerlustig waren. Infolgedessen konnte sich die Gruppe der verängstigten Mäuse nach dem Transfer gesunder Darmbakterien an das Verhalten der ausgehenden Mäusegruppe anpassen. Diese Forschungsstudie hat gezeigt, dass Ihr Darm Ihr Gehirn beeinflusst. Wenn Sie also mit Gehirnnebel, Angstzuständen, Stress, Depressionen oder geistiger Erschöpfung zu kämpfen haben, ist es an der Zeit, Ihren Darm zu reinigen!

Schlechte Gesundheit des Immunsystems

Es ist eine Tatsache, dass etwa 75 Prozent des Immunsystems in Ihrem Magen-Darm-Trakt gefunden werden. Dies liegt daran, dass Ihr Mikrobiom eine erhebliche Auswirkung auf den Verdauungsprozess hat und zahlreiche Probleme diesen Selbstheilungsmechanismus buchstäblich deaktivieren und verhindern können, dass er sein maximales Potenzial entfaltet.

Das Leaky-Gut-Syndrom ist beispielsweise ein Zustand, bei dem Ihre Darm- oder Darmschleimhaut oder -wand durchlässig wird und Giftstoffe durch den Blutkreislauf, in dem sie sich vereinigen, durch Ihren Körper gelangen. Wenn dies passiert, ist dies ernst, da Ihr Immunsystem es als fremde Eindringlinge erkennt und sie angreift. Obwohl dies zunächst für Ihren Körper hilfreich ist, es sei denn, das Leck oder die Löcher in Ihrem Darm sind behoben, setzt sich dieser Zustand fort und beeinträchtigt schließlich Ihr Immunsystem, da es rund um die Uhr versucht, diese fremden Eindringlinge zu suchen und anzugreifen. Dieser stark geschwächte Zustand Ihres Immunsystems macht Sie anfällig für alle Arten von Infektionen und Viren, da sich Ihr Körper nicht selbst verteidigen kann. Hier sind einige Krankheiten, die von einem schwachen und ungesunden Immunsystem herrühren können.

- Asthma und Allergien
- Antibiotika-assoziierter Durchfall
- Autoimmunerkrankung
- Krebs
- Zahnkaries
- Depressionen und Angstzustände
- Autismus
- Ekzeme, Psoriasis und Dermatitis
- Magengeschwüre
- Fettleibigkeit
- Unterernährung
- Diabetes
- Entzündliche Darmerkrankungen

Unter dem Strich bedeutet dies, dass Ihr Verdauungssystem, wenn es geschwächt ist, auch eine Belastung darstellt und Ihr Immunsystem schwächt. Wenn Ihr Körper gesund ist, kann Ihr Immunsystem aktiv und wirksam bei der Abwehr von Krankheiten sein. Aber wenn Sie ständig unter nagendem Husten, Halsschmerzen und Erkältungen leiden, haben Sie höchstwahrscheinlich einen undichten Darm. Konzentrieren Sie sich deshalb darauf und heilen Sie Ihren undichten Darm, bevor er Ihr Immunsystem vollständig besiegt.

Zusammenhang mit Typ-2-Diabetes

Jüngste Studien haben herausgefunden, dass ein direkter Zusammenhang zwischen Typ-2-Diabetes und einem ungesunden Darm besteht. Die Studie ergab, dass Menschen mit Typ-2-Diabetes viele bösartige Bakterien hatten, die die Darmgesundheit schädigen. Dr. Mark Hyman hatte in gewisser Weise festgestellt, dass Fettleibigkeit und Diabetes eng miteinander verbunden sind. Er wies ferner darauf hin, dass es immer eine große Chance gibt, dass eine Person, die übergewichtig ist, an Diabetes leidet oder sich in einem vordiabetischen Stadium befindet, und diese Möglichkeit mit zunehmendem Gewicht exponentiell zunimmt.

Es ist wichtig, den Zusammenhang zwischen Gewicht und Diabetes zu verstehen. Viele Fallstudien haben gezeigt, dass ein weniger vielfältiges Mikrobiom zu Gewichtszunahme und Fettleibigkeit führt. Jüngste Statistiken zeigen, dass 75 Prozent der Amerikaner übergewichtig sind und 20 Prozent von ihnen als fettleibig eingestuft sind. Mit diesem Anstieg der Statistiken wird Diabetes fast zu einer Epidemie. Ein sauberer und gesunder Lebensstil kann Ihnen jedoch dabei helfen, ein vielfältiges und robustes Mikrobiom aufzubauen, das Ihr Körper benötigt, um gesund zu bleiben und den Erwerb dieser tödlichen Krankhcit zu vcrhindcrn.

Überwucherung von Darmbakterien (SIBO)

Das Überwachsen von Dünndarmbakterien ist die Fehlfunktion des Dünndarms aufgrund des übermäßigen Wachstums von Bakterien. Sobald diese Bakterien mit Nahrungsmittelnährstoffen und Nahrungspartikeln in Wechselwirkung treten, kommt es zu einer Fermentation, die zu einer Vielzahl von Symptomen führen kann.

Forscher vermuten, dass die Kombination von verringerten Pankreasenzymen, Darmmotilität und Gallensäuren den Ausbruch von SIBO verursacht. Das Risiko von SIBO wird maßgeblich von mehreren Faktoren beeinflusst, die häufig mit einer verminderten Funktion und Effizienz des Darms zusammenhängen. Wird SIBO längere Zeit unbeaufsichtigt gelassen, kann dies zu einem Mangel an Nährstoffen – Vitaminen und Mineralstoffen – führen. Zu den Symptomen zählen Verdauungsstress und schwerer Nährstoffmangel.

Kapitel 3: Anzeichen eines durchlässigen Darms

Ihr Darm ist das Tor zu einer guten Gesundheit. Wenn Sie einen gesunden Darm haben, ist es sehr wahrscheinlich, dass Ihr allgemeiner Gesundheitszustand am besten ist. Ein geschwächter Zustand Ihres Darms ist jedoch ein Indikator dafür, dass etwas mit Ihrem Körper nicht in Ordnung ist. Wenn er nicht früher diagnostiziert wird, kann dies nicht nur Ihr Verdauungssystem schädigen, sondern auch andere Systeme in Ihrem physischen Körper schädigen. Um Anzeichen eines undichten Darms zu erkennen, gibt es einige der Symptome, die Sie beachten müssen.

Symptome im Darm

Einige Symptome konzentrieren sich im Darm.

- Blähungen
- Kontinuierlicher Durchfall
- Gas
- Candida-Überwucherung

- Verstopfung

Symptome können in Ihrem ganzen Körper erkannt werden und werden weiterhin auf Faktoren zurückgeführt, die etwas mit Ihrem Lebensstil zu tun haben. Entzündungen können dazu führen, dass sich die Lücke in der Darmschleimhaut vergrößert. Wann immer Ihr Immunsystem das Vorhandensein von Partikeln erkennt, die durch den Blutkreislauf entweichen, unabhängig davon, ob sie schädlich sind oder nicht, greifen Abwehrzellen auch gesunde Zellen an und verursachen Entzündungen im Körper.

Allgemeine Symptome

Allgemeine Anzeichen einer Darmerkrankung sind unter anderem:

- Lebensmittelallergien
- Chronische Müdigkeit
- Arthritis

- Gelenkschmerzen
- Allgemeine/saisonale Allergien
- Hautausschläge im Zusammenhang mit Entzündungen
- Schwächung des Immunsystems durch Überanstrengung
- Ernährungsbedingte Mängel
- Hirnbezogene Symptome

Der Verdauungstrakt soll die zweitgrößte Anzahl von Nerven enthalten und mit dem Gehirn kommunizieren. Dies geht aus einer Forschungsstudie über die entstehende Rolle einer Darm-Hirn Beziehung unter der Leitung von Jocelyn J. und Kasper L.H. vom Dartmouth College in New Hampshire (2014) hervor.

Zu den Symptomen im Zusammenhang mit dem Gehirn gehören:

- Stimmung
- Angstzustände

- Depressionen
- Hirnnebel

Die schwersten Erkrankungen, die sich aus dem durchlässigen Darm ergeben, sind ebenfalls Zeichen seiner Anwesenheit.

- Lupus
- Diabetes
- Hashimoto
- Rheumatoide Arthritis
- Celia
- Crohn's
- Neurologische Symptome
- Alzheimer-Krankheit
- Allgemeine Angst
- Kopfschmerzen/Migräne
- Autistisches Spektrum
- Fibromyalgià
- Multiple Sklerose
- Neuropathie

Der durchlässige Darm ohne Symptome

Eine erhöhte Durchlässigkeit im Darm und an kleinen Entzündungspunkten zeigt oft keine Anzeichen von irgendjemandem und ist in der Regel kein Grund zur Sorge.

Allerdings sind zahlreiche Räume im Darm von Symptomen begleitet, die Folgendes beinhalten:

- Blähungen
- Krämpfe
- Gas
- Chronische Müdigkeit, die sich nach den Mahlzeiten verschlimmert.

Kapitel 4: Heilen Sie Ihren Darm

Bei der Aufrechterhaltung eines gesunden Darms ist es zunächst wichtig, alle in den vorherigen Kapiteln genannten Elemente zu vermeiden, die für die Darmflora schädlich sind, und die Darmbarriere zu beschädigen. Es gibt jedoch einige Fälle, in denen wir dies nicht kontrollieren können, z. B. bei chronischem Stress und Infektionen oder wenn unsere Linie defekte Gene enthält. Selbst wenn Sie bereits einigen dieser schädlichen Faktoren ausgesetzt sind, gibt es dennoch einige Möglichkeiten, Ihre Darmflora wiederherzustellen.

Wie man die Gesundheit des Darms erhält und wiederherstellt

Hier sind einige Möglichkeiten, einen gesunden Darm zu erhalten und wiederherzustellen. Wenn wir über die Wiederherstellung unserer Bioflora und unserer Darmbakterien nachdenken, denken wir zuerst an die probiotischen Nahrungsmittel und Nahrungsergänzungsmittel. Probiotika werden in der

Ernährungswelt als Bakterien bezeichnet, die wir aus gesundheitlichen Gründen absichtlich essen. Sie wirken im Gegensatz zu Antibiotika in unserem Körper. Sie sind jedoch nur ein Teil der vielen Dinge, die wir berücksichtigen müssen.

Sie könnten Ihren Körper mit Probiotika füllen, aber wenn Sie weiterhin von einem ungesunden Lebensstil leben – einschließlich Gewohnheiten, die Ihr Darmbakterium weiterhin schädigen, wie z. B. stark chloriertes Wasser trinken und Antibiotika einnehmen. Sie werden am Ende einfach mehr Schaden an Ihrer Darmschleimhaut anrichten.

Denken Sie daran, dass die nützlichen Mikroorganismen, um zu überleben, zu wachsen und zu gedeihen, ein stabiles Ökosystem benötigen. Ein idealer pH-Wert muss 7 und niedriger sein, was mehr Säure bedeutet. Ein viel höherer Wert über 7 bedeutet alkalischer. Da Ihr Dickdarm leicht sauer sein muss, um das Wachstum unerwünschter Bakterien wie Shigella, Salmonella und E. coli zu hemmen. Der ideale pH-Wert muss zwischen 6,7 und 6,9 liegen. Für diejenigen, die keine Ahnung haben, worum es bei einem pH-Wert geht, bezieht sich der pH-Wert auf den Grad der Alkalität oder des Säuregehalts von wasserlöslichen Substanzen.

Der beste Weg, um die Anzahl der guten Bakterien wiederherzustellen, besteht darin, den Säuregehalt zu erhöhen, insbesondere in Ihrem Darm, um das Wachstum von Lactobacillus-Bakterien oder „nützlichen Bakterien" zu fördern. Diese Bakterienarten sind bekannt für ihre vorteilhaften Wirkungen auf Ihren Darm. Hier einige bewährte und effektive Methoden, um diesen Zweck zu erreichen. Indem Sie diese Wege lediglich einhalten, können Sie dazu beitragen, den Zustand Ihrer Darmbarriere und Flora zu verbessern.

Essen Sie traditionelle Gerichte

Regelmäßiges Essen von Lebensmitteln, die viele freundliche probiotische Bakterien enthalten, wie sie in traditionellen fermentierten Lebensmitteln vorkommen, kann die Darmflora stärken und verbessern. Diese Lebensmittel sind reich an nützlichen milchproduzierenden Bakterien, die Milchprodukte auf natürliche Weise sauer machen und Gemüse fermentieren lassen.

Wenn Sie über Lebensmittel sprechen, die fermentiert werden, sind Ihre Optionen nicht auf fermentiertes Soja oder Sauerkraut beschränkt. Andere fantastische Optionen gelten als „fermentiert", einschließlich Tee, Joghurt und verschiedenen Gemüsesorten. Hier sind 9 fermentierte Lebensmittel, die Sie in Ihren Darm aufnehmen sollten..

- Joghurt
- Natto
- Kefir
- Kombucha
- Kimchi
- Tempeh
- Eingelegtes Gemüse
- Lassi

Milchsäure-Hefe-Waffeln essen

Der Konsum von traditionellen Nahrungsmitteln oder probiotischen Nahrungsergänzungsmitteln reicht für manche Menschen häufig aus, um die Anzahl der nützlichen Bakterien im Darm zu erhöhen. Einige Personen benötigen jedoch einen zusätzlichen Schritt, um die Darmflora wiederherstellen zu können. Milchsäure-Hefe-Waffeln liefern Ihnen das gleiche Ergebnis, das Sie durch den Verzehr traditioneller fermentierter Lebensmittel oder probiotischer Ergänzungsmittel erzielen können, wenn Sie die Flora des unteren Darms wiederherstellen.

Milchsäurehefe ist nur eine modifizierte Version der Bierhefe, die die Produktion signifikanter Mengen Milchsäure im Darm unterstützen kann. Die zusätzliche Säure kann schnell wirken und in Kombination mit probiotischen Nahrungsergänzungsmitteln Wunder für Ihren Darm bewirken. Zu jeder Mahlzeit können Sie eine dieser Milchsäure-Hefewaffeln kauen. In den meisten Fällen wird dieses Produkt nur für 5-7 Tage benötigt und Sie können weiterhin probiotische Ergänzungsmittel einnehmen.

Wenn sich Kohlenhydrate in unserem Magen befinden, die nicht verdaut werden können, helfen diese Bakterien, sie zu fermentieren. Die Ergebnisse dieses Fermentationsprozesses tragen dazu bei, dass der Darm sauer bleibt und schädliche Mikroorganismen als gute Bakterien wachsen. Es hilft auch, zweimal täglich zu den Mahlzeiten zu essen.

Wenn traditionelle fermentierte Lebensmittel nicht verfügbar sind, können Sie probiotische Ergänzungsmittel einnehmen, um die Vorteile probiotischer Bakterien zu nutzen. Dies ist auch eine bequeme Möglichkeit, Probiotika für Reisende oder für diejenigen, die fermentierte Lebensmittel einfach nicht einnehmen können, einzunehmen.

Erwägen Sie intermittierendes Fasten.

Erwägen Sie, innerhalb von 16 bis 24 Stunden oder zweimal pro Woche zu fasten, da dies dem Magen-Darm-Trakt die notwendige Erholung von der Last der Lebensmittelverarbeitung und der Verdauung ermöglicht. Wenn Sie sich für die flüssige Diät entscheiden, müssen Sie sich an Knochenbrühe, Fleisch- und Fischbrühe, Gemüse und frischen Gemüsesäften halten. Diese Flüssigkeiten sind nährstoffhaltig und schonend für auslaufende Därme.

Praktizieren Sie Meditation

Meditation ist ein ausgezeichneter Kämpfer gegen Stress und in unserem gegenwärtigen Lebensstil werden wir ständig mit Druck bombardiert. Obwohl wir uns sehr bewusst sind, dass chronischer Stress aufgrund seiner lähmenden Wirkung auf das Verdauungssystem eine der Hauptursachen für den undichten Darm darstellt, ist es für Ihren Körper schwierig, gegen schlechte Bakterien und das Überwachsen von Hefen vorzugehen. Dies führt zu einer Darmdurchlässigkeit zusammen mit Entzündungsfackeln, die mit undichtem Darm verbunden sind.

Meditation wird heute als eine ergänzende Geist-Körper-Medizin angesehen, die einen tiefen Zustand der Entspannung und einen ruhigen Geisteszustand erzeugt. Eine 10-minütige Meditation am Tag, die tiefes Atmen erfordert, kann viel dazu beitragen, Stress abzubauen. Dadurch wird der Teil Ihres Nervensystems verlangsamt, der die Verdauung hemmt. Es aktiviert auch die Hormone, die die Verdauung unterstützen.

Bewegen Sie sich

Bewegung stimuliert die Nerven, um die Darmmobilität zu erhalten. Ein sitzender Lebensstil kann zu einer neurologischen Verlangsamung der Darmfunktion beitragen.

Nehmen Sie hochwertige Probiotika ein

Probiotika helfen bei Verdauungsstörungen und regulieren die Immunantwort. Sie benötigt mindestens 80 Milliarden CFU (Colony Forming Unit). CFU ist das Maß in der

Probiotik für gute und schlechte Bakterien, einschließlich Hefe.

Führen Sie eine Dichtheitsprüfung durch

Leaky-Gut-Symptome können wie Symptome anderer schwerwiegender Krankheiten sein. Gehen Sie sicherheitshalber zu Ihrem Arzt und lassen Sie es durch eine Dichtheitsprüfung ausreichend diagnostizieren. Lassen Sie sich von Ihrem Arzt auf andere versteckte Allergien untersuchen. Auf diese Weise können Sie potenzielle Ursachen für lebensmittelbedingte Entzündungen und anhaltende Darmschäden beseitigen

Behandlung von Darmpathogenen

Eine Vielzahl von Parasiten kann eine Infektion des Darmtrakts verursachen. Parasiten entstehen, wenn Sie kontaminierte Lebensmittel oder Wasser konsumiert haben. Menschen mit unausgeglichener Darmflora, Leaky-Darm-Syndrom oder geschwächtem Immunsystem sind anfälliger für Parasiten. Es gibt natürliche Wege, diese Parasiten zu reinigen.

- Nehmen Sie dreimal täglich 250 Milligramm schwarze Walnüsse ein. Dies wurde in der Geschichte als nützlich bei der Behandlung von Parasiten erwähnt
- Wermut ist bekannt für seine anti-parasitären Eigenschaften. Verbrauch von 200 ml. 3-mal täglich Wermut kann Ihnen dabei helfen, diese Parasiten loszuwerden. Bei der Dosierung ist jedoch äußerste Vorsicht geboten, da eine hohe Dosis toxisch sein kann.
- Oreganoöl wirkt sowohl antibakteriell als auch antiparasitär. Nehmen Sie 500 Milligramm Öl 4x täglich ein.
- Grapefruitsamenextrakt hat eine antiparasitäre Wirkung und sollte gemäß den Anweisungen des Lieferanten eingenommen werden, die mit dem Artikel geliefert wurden.

Erwägen Sie, Vollkornprodukte in Ihre Ernährung aufzunehmen. Ganze Lebensmittel sind Lebensmittel in ihrem natürlichsten Zustand oder sie kommen der Art und Weise, wie sie von der Natur geliefert werden, am nächsten. Das heißt, sie sind minimal verarbeitet und ohne Zusätze. Die meisten biologischen Lebensmittel sind auch Probiotika und daher hilfreich, um ein Gleichgewicht in Ihrer Darmflora herzustellen. Frisches Obst und Gemüse gehören zu den besten Vollwertnahrungsmitteln, die für Menschen mit undichtem Darm empfohlen werden..

Der darmentgegenwirkende Diätplan

	Frühstück	Mittagessen	Abendessen	Vorspeisen
Montag	Speck, Huhn und Pekannussalat	Die ultimativen gesunde Nudeln für den Darm	Gebratener Lachs mit Ingwer	Gemischte Früchte Joghurt (laktosefrei)

Dienstag	RäucherlachsFrühstück Reismischung	Knochenbrühe Gebratene Kartoffeln	Gurken- und Krabbensalat	Puten-Sandwich
Mittwoch	Gemüsesaft Kokosjoghurt mit Früchten Putenwurst	Lachs mit Kräutern Gekochter Reis	Gemischtes Gemüse Lammkoteletts Sauerkraut	Grüner Shake
Donnerstag	Haferflockenbrei mit Früchten Zitrone (Wasser/Saft)	Speck & Brie Omlett-Keile mit Sommersalat	Gedämpfte Artischocken mit Meersalz und Zitronensaft	Apfel oder eine Frucht Ihrer Wahl

Freitag	Fleischzucchini mit Zwiebeln und Pilzen	Kokosnusshuhn mit Spinat	Garnelen - Avocado-Turret	Gurke mit Salz Kräutere
Samstag	Lachs mit Ingwersauce	Gebratener Brokkoli	Gemüseeintopf	Kräutere Gemischte Früchte
Sonntag	Gesunder Hamburger	Zitronentortilla	Lachs und Spinat mit Weinsteincreme	Zucchini-Nudeln

Kapitel 5: Gesunde Rezepte

Knochenbrühe und andere Suppenrezepte

Rezept # 1 - Knochenbrühe

Portionen: 2-4

Zutaten

- 4 Pfund Kalbsknochen
- 2 Esslöffel Apfelweinessig
- 12 Tassen Wasser
- 1 1/2 Tassen Karotten (gehackt)
- 1 1/2 Tassen Lauch (gehackt)
- 3-5 Zweige frischer Rosmarin
- 1 Teelöffel schwarze Pfefferkörner
- 3 Lorbeerblätter
- 6 Knoblauchzehen
- 1 mittlere Zwiebel (gewürfelt)

Zubereitung

1. Den Ofen auf 450 Grad Fahrenheit vorheizen und eine mit Aluminiumfolie ausgekleidete Auflaufform zubereiten. Die Knochen auf das Backblech legen und ca. 40 Minuten abdecken und einmal wenden, um ein gleichmäßiges Garen auf beiden Seiten zu gewährleisten.
2. Wenn die Knochen gar sind, legen Sie sie in einen großen Topf mit Wasser. Essig hinzufügen und bei Raumtemperatur ca. 30 Minuten ziehen lassen.
3. Das Gemüse schneiden, bevor man es in den Topf gibt. Zum Kochen bringen und wenn der Siedepunkt erreicht ist, die Hitze verringern und zum Kochen bringen. Für 2-3 Stunden die Schaumbildung an der Spitze der Suppe entsorgen.
4. Das Kochen kann 48 Stunden für eine Rinderknochenbrühe, 24 Stunden für eine Hühnerknochenbrühe und 8 Stunden für eine Fischknochenbrühe dauern.
5. Ein wenig abkühlen lassen. Die Brühe in einen luftdichten Behälter gießen. Ca. 4-6 Stunden oder

über Nacht kühl stellen. Dies ermöglicht es dem Fett zu steigen, damit sich das Fett darauf absetzen und verfestigen kann.

6. Das Fett von der Oberseite mit einem Löffel abkratzen. Dadurch bekommen Sie eine gelartige Knochenbrühe, wenn sie kalt ist.
7. In einem luftdichten Maurerglas aufbewahren oder bis zur Gebrauchsfertigkeit einfrieren.
8. Wenn die Brühe gebrauchsfertig ist, erwärmen Sie sie langsam bei schwacher Hitze, um zu einer flüssigen Konsistenz zurückzukehren.

NÄHRWERTTABELLE	
Portionsgröße	1 Tasse
Kalorien	160 kcal
Fett	12 g
Kohlenhydrate	2 g
Protein	6 g

Rezept # 2 - Hühnerknochensuppe

Portionen: 2-4

Zutaten

Für die Knochenbrühe:

- Ganzes Bio-Huhn
- 6 Knoblauchzehen
- 1 Zwiebel
- 1 Zoll Ingwerwurzel

Für die Suppe:

- 4-6 Tassen Bio-Hühnerbrühe
- 2 Esslöffel Kokosöl
- 1-2 Tassen gehackte Zwiebeln
- 1-2 Tassen gehackte Karotten
- 3-4 kleine und mittlere Zucchini
- 2 Tassen zerfetztes Bio-Huhn

- 2 bis 3 Knoblauchzehen, gehackt oder gehackt
- Himalaya-Meersalz nach Belieben

Zubereitung

Knochenbrühe:

1. Das Huhn putzen und in den Topf geben. Dann füllen Sie es zu drei Vierteln mit Wasser, bevor Sie Kräuter und Gemüse hinzufügen.
2. Bei mittlerer bis starker Hitze kochen, kochen, dann Hitze reduzieren und köcheln, je nach Wunsch ca. 8-48 Stunden abgedeckt.
3. Vor dem Durchleiten des Materials durch ein Sieb abkühlen lassen und zur Lagerung in Gläser füllen. Im Kühlschrank aufbewahren.

Suppe:

1. In einer Pfanne Zwiebeln und Karotten mit Kokosöl anbraten.

2. Wenn die Zwiebeln durchscheinend werden, den Knochenfond zugeben und zum Kochen bringen.
3. Zucchini-Nudeln zubereiten und in Streifen von gewünschter Größe schneiden. Sie können dazu auch eine Schneidemaschine (*Julienne Slicer*) verwenden.
4. Zucchini hinzufügen, wenn die Karotten weich werden und köcheln.
5. Knoblauch und gehacktes Hähnchen dazugeben. Erhitzen, bis es kocht, und dann die Hitze ausschalten. Zugedeckt 5 bis 10 Minuten stehen lassen.

NÄHRWERTTABELLE	
Portionsgröße	1 Tasse
Kalorien	53 kcal
Fett	0,3 g
Kohlenhydrate	0,7 g
Protein	6 g

Rezept # 3 - Geröstetes Knochenmark

Portionen: 1-2

Zutaten

- Frischer Rosmarin
- Frischer Thymian
- Markknochen aus grasgefüttertem Rindfleisch
- Unraffiniertes Salz und schwarzer Pfeffer nach Belieben

Zubereitung

1. Knochen auftauen lassen, wenn sie eingefroren sind.
2. Den Ofen auf 400 Grad Fahrenheit erhitzen. Legen Sie die Knochen in die Auflaufform.
3. Den frischen Thymian und Rosmarin fein hacken und über die Knochen streuen.
4. Grillen Sie die Knochen für ca. 15 Minuten, bis keine rosa Rückstände mehr in den Knochen zu sehen sind, aber kochen Sie sie nicht lange genug, damit die

Knochen im Freien kochen können und aus der Knochenverpackung herauskommen.

5. Mit Salz und Pfeffer würzen und heiß servieren.

NÄHRWERTTABELLE	
Portionsgröße	1 Unze
Kalorien	37 kcal
Fett	2,5 g
Kohlenhydrate	0,2 g
Protein	3,1 g

Rezept # 4 - Hausgemachte Fleischbrühe

Portionen: 1-2

Zutaten

- 2,5 Pfund Knochenmark
- 2,5 Pfund weiche Knochen
- Saft aus halber Zitronenfrucht oder ein paar Tropfen Apfelessig
- 2 Esslöffel Petersilie
- 2 Esslöffel Meersalz
- 2 Esslöffel schwarzer Pfeffer
- Gemüse (optional)

Zubereitung

1. Alle Knochen in einem Slow Cooker hinzufügen.
2. Ein paar Portionen Apfelessig oder Zitronensaft hinzufügen.
3. Füllen Sie den Topf mit gefiltertem Wasser, aber nicht genug, um beim Kochen zu verschütten. Auf langsames Kochen für 24 Stunden einstellen.

4. Nach 24 Stunden können Sie etwas Gemüse als Geschmack hinzufügen. Sie können Karotten, süße Zwiebeln, Selleriestangen, Salz und Pfeffer nach Belieben wählen. Achten Sie darauf, dass Sie das Gemüse entfernen, bevor es überkocht wird.

5. Dann für weitere 12 Stunden oder je nach Wunsch kochen. Je länger Sie kochen, desto mehr Nährstoffe werden in die Brühe abgegeben.

6. Nach 30 Stunden prüfen, ob das Mark aus den Knochen gefallen ist. Nach 30 Stunden langem Kochen die Hitze abstellen und abkühlen lassen.

7. Bei Kälte die Brühe mit einem Sieb abtropfen lassen.

8. Bewahren Sie es im Kühlschrank auf. Bei Bedarf heiß servieren.

NÄHRWERTTABELLE

Portionsgröße	2 Tassen
Kalorien	250 kcal
Fett	5 g
Kohlenhydrate	2 g
Protein	3 g

Rezept # 5 - Thailändische Karottensuppe

Portionen: 1-2

Zutaten

- 1 große Zwiebel, gewürfelt
- Eine 1-Zoll-Scheibe frischer Ingwer, geschält und gerieben (ca. 1 Teelöffel).
- 1 1/2 Teelöffel Currypulver
- 2 Esslöffel Olivenöl oder Kokosöl
- 3 bis 4 Tassen Brühe oder Wasser
- 1/4 Tasse Kokosnussmilch (oder andere Milch)
- 2 Pfund Karotten, geschält und gehackt
- 1/2 Teelöffel Salz
- 1 bis 2 Teelöffel frischer Zitronensaft (optional)

Zubereitung

1. Erwärmen Sie einen Topf bei mittlerer Hitze, um ihn warm zu halten. Wenn er heiß ist, Öl und dann Zwiebeln hinzufügen und 5 bis 19 Minuten lang kochen, bis es durchsichtig ist.

2. Gewürze und Salz hinzufügen, um die Zwiebeln gleichmäßig zu verteilen.

3. Brühe oder Wasser zusammen mit Karotten hinzufügen.

4. Die Suppe ca. 15 Minuten köcheln lassen, bis die Karotten weich werden.

5. Heiß servieren.

NÄHRWERTTABELLE	
Portionsgröße	1 Tasse
Kalorien	170 kcal
Fett	12 g
Kohlenhydrate	16 g
Protein	1 g

Rezept # 6 - Muschelsuppe

Portionen: 6

Zutaten

- 4 Tassen Muscheln, in Stücke geschnitten
- 6 Tassen Knochenbrühe
- 2 Jalapeños, gesät und geschnitten
- 1 Esslöffel Koriander
- 1 Esslöffel Petersilie
- 4 Esslöffel Kokosöl

* Fügen Sie Ihr Lieblingsgemüse, Kräuter und Gewürze hinzu.

Zubereitung

1. Brühe in einen großen Topf gießen und zum Kochen bringen. Dann die Jalapeños, Petersilie und Koriander in den Topf geben.

2. Ebenfalls Muscheln und Kokosöl hinzufügen. Zum Kochen bringen, bis sich die Muschelschalen öffnen.

3. Die Suppe in Schalen servieren.

NÄHRWERTTABELLE

Portionsgröße	1 Tasse
Kalorien	80 kcal
Fett	2,2 g
Kohlenhydrate	2,5 g
Protein	16 g

Rezept # 7 - Hühnersuppe und Kartoffelcreme

Portionen: 1-2

Zutaten

- 1 Zwiebel, gehackt
- 3 Selleriestangen, gehackt
- 12 Unzen nitratfreier Speck, gewürfelt
- 4 Knoblauchzehen, gehackt
- 2 Lorbeerblätter
- 6 Tassen weiße Süßkartoffeln, geschält und gewürfelt
- 8 Tassen Hühnerknochenbrühe
- 5-7 Tassen gekochtes Hähnchen, gerieben
- 6 Tassen Pastinaken, geschält und gewürfelt
- 1 Lauch (siehe Hinweis zur Zubereitung unten)
- Saft einer großen Zitrone (vielleicht mehr)
- 2 Karotten, gehackt
- Salz und Pfeffer nach Belieben
- Grüne Zwiebeln, in Scheiben geschnitten, optional

Zubereitung

1. Beginnen Sie mit der Zubereitung des Lauch. Längs halbieren und in dünne Scheiben schneiden. Lauchscheiben in eine Schüssel mit kaltem Wasser geben. Nach einigen Sekunden aus dem Wasser nehmen und abtropfen lassen.
2. Einen großen Topf oder einen holländischen Ofen bei mittlerer Hitze vorheizen und Speck dazugeben und leicht umrühren, bis er knusprig ist. Speck aus dem Topf nehmen und auf Papiertüchern abtropfen lassen und beiseite stellen.
3. Zwiebel, Sellerie, Lauch und Karotten zu Speck in einem Topf mit Fett hinzufügen.
4. Garen und umrühren, bis alles glatt ist. Knoblauch zugeben und 30 Sekunden lang umrühren.
5. Weiße Kartoffeln, Lorbeerblätter, Knochenbrühe und Pastinaken hinzufügen. Kochen, bis das Wurzelgemüse gar und zart ist.
6. Lorbeerblatt entfernen. Etwa ein Drittel bis die Hälfte der Suppe in einem leistungsstarken Mixer servieren. Achten Sie darauf, dass Sie Brühe und Wurzelgemüse beifügen. Pürieren, bis sie glatt sind.

Sie können auch einen Tauchmischer verwenden, falls verfügbar, damit Sie die Mischung direkt im Topf herstellen können.

7. Nach dem Pürieren die Suppe wieder in den Topf geben und umrühren. Beachten Sie, dass die Suppe dicker und cremig wird.
8. Dann Salz und Pfeffer zum Abschmecken zusammen mit dem Zitronensaft hinzufügen. Gut umrühren.
9. Das geriebene Hähnchen dazugeben und erneut mischen.
10. Mit Speck und grünen Zwiebeln servieren und garnieren.

NÄHRWERTTABELLE	
Portionsgröße	1 Tasse
Kalorien	155 kcal
Fett	4 g
Kohlenhydrate	41 g
Protein	8 g

Rezept # 8 – Hühnerzoodles Faux Pho

Portionen: 1

Zutaten

- 2 Knoblauchzehen, zerdrückt
- ⅓ Tasse fein gehackte grüne Zwiebel
- 1 Esslöffel Erdöl
- 2 Tassen Pilze (vorzugsweise Shiitake), in Scheiben geschnitten
- 4 Tassen Hühnerknochenbrühe
- ½ Tasse Kokosnussmilch
- 2 Teelöffel geriebener Ingwer
- 2 Esslöffel frisch gepresster Zitronensaft
- 1 Esslöffel Rote-Boot-Fischsauce
- 1-2 Karotten, geschält und zerkleinert
- ¼ Becher gehackter Koriander
- 1 Pfund entbeintes, hautfreies Huhn, gewürfelt
- 2 Tassen Zucchini-Nudeln

Zubereitung

1. In einem großen Topf das Öl bei mittlerer Hitze erhitzen.
2. Knoblauch, Ingwer, Champignons, Zwiebeln und geriebene Karotten ca. 3 Minuten lang anbraten.
3. Dann die Brühe, die Fischsauce und die Kokosmilch hinzufügen.
4. Reduzieren Sie die Hitze beim Kochen.
5. Hähnchen dazugeben und weitere 7-10 Minuten köcheln lassen.

Rezept # 9 - Crock Pot Pho

Portionen: 2

Zutaten

- Halbe Zwiebel
- 4 Pfund Kalbsknochen
- 2 1/2 Esslöffel Fischsauce oder nach Belieben
- 4 Zoll Ingwer, in Scheiben geschnitten
- 16 Unzen frische oder getrocknete Reisnudeln
- 9 Tassen Wasser
- 1 Teelöffel Zucker
- 1 Päckchen Pho-Gewürze oder bereiten Sie diese Gewürze zu: 2 Zimtstangen, 1 Teelöffel Fenchel, 2 Teelöffel ganzen Koriander, 3 Nelken ganzen Knoblauch, 3 Sterne Anis und 1 Kardamomhülse.

Für Pho-Schalen:

- 11 Unzen vietnamesische Rindfleischbällchen in zwei Hälften geschnitten.

- 1/2-Pfund-Flanke, *Londoner Grill,* Lendenstück oder runde Filetöse, so dünn wie möglich geschnitten.
- 2 große Handvoll Sojabohnensprossen
- 2-3 Chilis, in Scheiben geschnitten
- Frische Kräuter: Koriander, Thai-Basilikum, Minze
- Sriracha Scharfe Sauce
- 1-2 Limetten, in Keile geschnitten
- Hoisin-Sauce

Zubereitung

1. Kochen Sie das Wasser in einem großen Topf bei starker Hitze. Wenn es zu kochen beginnt, fügen Sie die Fleischknochen hinzu und kochen Sie es ca. 10 Minuten lang weiter.
2. Gleichzeitig die Pfanne auf mittlerer bis niedriger Stufe vorheizen. Vietnamesische Pho-Gewürze hinzufügen und für 2-3 Minuten toasten oder bis das Aroma vorhanden ist.
3. Bringen Sie die Gewürze zu einem langsamen Kocher. Die Pfanne bei mittlerer bis starker Hitze

erwärmen und 1 Esslöffel Öl hinzufügen. Sobald das Öl heiß ist, die Ingwerscheiben und die Hälfte der Zwiebel hinzufügen. Auf beiden Seiten braun werden lassen. Zwiebel und Ingwer in den Topf geben. Wasser von vorgekochten Knochen abtropfen lassen und entsorgen und zum Reinigen abspülen.

4. Geben Sie Knochen in den Crockpot oder den Slow Cooker und gießen Sie frisches Wasser hinein – etwa 30 cm unter der Oberfläche. Fügen Sie dann auch den Zucker und den Fisch hinzu. Bei geschlossenem Deckel ca. 8 Stunden langsam garen lassen. Abschmecken und würzen.

5. Wenn Sie fertig sind, bereiten Sie die restlichen Zutaten für die Pho-Schalen vor. Kochen Sie einen Topf Wasser und fügen Sie die Rindfleischbällchen hinzu, sobald sie den Siedepunkt erreicht haben und kochen Sie sie etwa 2 Minuten lang. Kugeln entfernen, während das Wasser weiter kocht. Kochen Sie die Nudeln gemäß der Packungsanweisung. Wenn Sie frische Nudeln verwenden, geben Sie ein paar

Minuten zum Kochen und lassen Sie sie dann abtropfen.

6. Nudeln nach Packungsanweisung kochen. Bei Verwendung von frischen Nudeln ein paar Minuten zum Kochen hinzufügen und dann abtropfen lassen.

7. Bereiten Sie 4 große leere Schalen auf der Theke vor und füllen Sie sie mit Nudeln, Rindfleischbasis und dünnen Fleischscheiben, die gleichmäßig auf die Schalen verteilt sind. Fügen Sie die Pho-Brühe zu jeder Schüssel hinzu und stellen Sie sicher, dass die Brühe heiß genug ist, um dünne Fleischscheiben vor dem Servieren zu kochen. Mit Zitronenscheiben, Chilis und frischen Kräutern garnieren. Das Gericht mit Hoisin-Sauce und Sriracha-Chili-Sauce servieren.

NÄHRWERTTABELLE	
Portionsgröße	1 Tasse
Kalorien	340 kcal
Fett	15 g
Kohlenhydrate	3 g
Protein	20 g

Rezept # 10 - Cremefarbene Brokkoli-Suppe

Portionen: 2

Zutaten

- 2 Knoblauchzehen
- 1 Kartoffel, geschält und in ca. 1,5 cm große Würfel geschnitten
- 1 Tasse Milch (fettarm)
- 2 Tassen Gemüsebrühe
- 1 gehackte weiße oder braune Zwiebel
- 1 großer Brokkoli-Kopf
- ½ Wasserbecher
- Salz und Pfeffer

Zubereitung

1. Brokkoliröschen in Stücke brechen. Entsorgen Sie den Hauptstamm und schneiden Sie die anderen Stängel in daumengroße Stücke.
2. Andere Zutaten außer Milch, Pfeffer und Salz in einen Topf geben und zugedeckt zum Kochen

bringen. Zum Kochen bringen, die Hitze auf mittleres Niveau reduzieren und 8-10 Minuten köcheln lassen.

3. Den Deckel abnehmen und die Milch hinzufügen und dann zum Kochen bringen.

4. Bei mittlerer Hitze länger garen und die Sauce einkochen lassen. Nach Belieben würzen.

NÄHRWERTTABELLE	
Portionsgröße	1 Tasse
Kalorien	300 kcal
Fett	22 g
Kohlenhydrate	18 g
Protein	4 g

Milchshakes, Säfte und andere entgiftende Getränke

Rezept # 11- Natürliches Ingwerbier

Ingwerbier ist natürlich fermentiert und voll von Probiotika und nützlichen Enzymen, die Ihnen helfen, Ihre Darmgesundheit zu erhalten oder Ihren durchlässigen Darm zu reparieren.

Portionen: 1

Zutaten

- 1 Stück Ingwer (ca. 1-2 Zoll)
- ½ Tasse Bio-Zucker oder Melasse hinzufügen bei Verwendung von Normalzucker
- ½ Teelöffel Meersalz oder Himalaya-Salz
- ½ Tasse frischer Zitronenextrakt oder Kcalnsaft
- ½ Tasse gefiltertes Wasser (chlorfrei)
- ½ Tasse hausgemachter Ingwerkuchen oder ¼ Tasse Buttermilch

NÄHRWERTTABELLE	
Portionsgröße	1 Flasche
Kalorien	170 kcal
Fette	0 g
Kohlenhydrate	42 g
Protein	0 g

Rezept # 12 - Kokosnusswasser-Kefir

Portionen: 1

Zutaten

- 4 Tassen Kokosnusswasser
- ¼ Tasse Wasser-Kefir

Zubereitung

1. In einem Glas alle Zutaten vermischen und auf eine Theke stellen. Lassen Sie sie dort für 1-2 Tage. Nach 7 Tagen den Kefir mit Kokosnusswasser überprüfen. Probieren Sie es, und wenn es sauer schmeckt, ist es fertig. Wenn es immer noch süß ist, lassen Sie es für einen weiteren Tag stehen.
2. Im Kühlschrank aufbewahren und kalt servieren. Fügen Sie einen Spritzer Zitronensaft hinzu, um mehr Geschmack zu erhalten.

NÄHRWERTTABELLE

Portionsgröße	100 ml
Kalorien	28 kcal
Fett	0 g
Kohlenhydrate	0,5 g
Protein	0,2 g

3.
4.

Rezept # 13 - Orangensaft-Detox

Portionen: 1

Zutaten

- Extrakt von einem frisch gepressten Orangensaft
- Gefiltertes Wasser
- 1/2 Teelöffel *Culture Starter* oder 2 Esslöffel Whey
- Meersalz

Zubereitung

1. Ca. 2 ½ Tassen frisch gepressten Orangensaft zubereiten.
2. ½ Teelöffel *Culture Starter* oder etwa 2 Esslöffel Whey hinzufügen. Eine Prise Salz hinzufügen.
3. Füllen Sie den Behälter mit einer Tasse Wasser (bei Raumtemperatur und gefiltert). Lassen Sie etwa einen Zentimeter Platz.
4. Bedecken und schnell schütteln. Bei Raumtemperatur ca. 48 Stunden einwirken lassen.
5. Im Kühlschrank abkühlen und genießen.

NÄHRWERTTABELLE	
Portionsgröße	1 Tasse
Kalorien	59 kcal
Fett	0 g
Kohlenhydrate	14 g
Protein	1 g

6.

Rezept # 14 – Darmberuhigender Ingwer- & Rotulmentee

Portionen: 1

Zutaten

- 1 Teelöffel Rotulmenpulver
- 1 Teelöffel frische Ingwerwurzel
- 2 Tassen gereinigtes Wasser

Zubereitung

1. Reiben Sie den frischen Ingwer und bereiten Sie Ihre Teekanne vor.
2. 2 Tassen Wasser hinzufügen und zum Kochen bringen.
3. Gehen Sie durch ein Sieb, um den Abfall zu trennen.
4. Rotulmenpulver hinzufügen und umrühren.

NÄHRWERTTABELLE

Portionsgröße	1 Teelöffel
Kalorien	5 kcal
Fett	0 g
Kohlenhydrate	1,2 g
Protein	0 g

Rezept # 15 – Darmheilender Smoothie

Portionen: 1

Zutaten

- 1-2 Tassen Vollfett-Kokosmilch oder Mandelmilch
- 2 gefrorene Bananen, in Stücke geschnitten
- 1 Esslöffel, frisch geriebener Ingwer
- 1/2 Esslöffel Bienenpollen
- 1/2 Esslöffel Chia- oder Leinsamen
- 2 Esslöffel Kollagenprotein oder Molkenprotein
- 2 Tassen Spinat
- 2 Tassen Grünkohl
- 1/2 Avocado
- 1 Esslöffel Hanfherzen
- 1 Esslöffel Rohhonig oder Manuka-Honig

Zubereitung

Die Zutaten in einen Mixer geben und glatt rühren. (ca. 2-3 Minuten).

Auf Eis servieren.

NÄHRWERTTABELLE	
Portionsgröße	2 Tassen
Kalorien	375 kcal
Fett	40 g
Kohlenhydrate	26 g
Protein	13 g

# Rezept # 16 - Entzündungshemmende Kurkuma-Milch

Portionen: 1

Zutaten

- ½-¾ Teelöffel Ingwer
- ½ Tasse Creme aus Kokosnuss mit ½ zusätzlicher Tasse gefiltertes Wasser oder 1 Tasse Kokosmilch
- 1 bis 2 Teelöffel Honig nach Belieben
- ½-¾ Teelöffel Kurkuma
- Prise frisch gemahlener Pfeffer
- Weitere mögliche Ergänzungen:
- ¼ Teelöffel Zimt
- ½ Teelöffel Kardamom

Zubereitung

1. In einer Pfanne bei mittlerer Hitze unter Kokosnusscreme und Wasser/Kokosmilch, Kurkuma,

Ingwer und gemahlenem Pfeffer erhitzen, bis sie kochen. Vom Herd nehmen und die Mischung 10-20 Minuten ruhen lassen, um den Geschmack zu verbessern.

2. Aufwärmen, bis es heiß genug ist, und nach Belieben Honig hinzufügen. Guten Appetit!

NÄHRWERTTABELLE	
Portionsgröße	12 Unzen
Kalorien	130 kcal
Fett	1 g
Kohlenhydrate	30,1 g
Protein	3,7 g

3.

Rezept # 17 - Gurken-/Koriandersaft

Portionen: 1

Zutaten

- 1 Zoll Ingwerwurzel
- 1 Jicama
- 1 Gurke
- 1 Limette
- Eine Handvoll Koriander
- 2 Unzen Aloe Vera (optional)

NÄHRWERTTABELLE	
Portionsgröße	1 Gurke
Kalorien	28 kcal
Fett	0,3 g
Kohlenhydrate	7,7 g
Protein	1,4 g

Rezept # 18 - Gurken- und Minzgetränk

Portionen: 1

Zutaten

- 1 Gurke
- ½ Fenchelkopf
- 2 Handvoll Minzblätter
- ½ Zitrone

NÄHRWERTTABELLE	
Portionsgröße	2,24 Unzen
Kalorien	35 kcal
Fett	0 g
Kohlenhydrate	8 g
Protein	0 g

Rezept # 19 - Revitalisierender Papayashake

Portionen: 1

Zutaten

- Eine halbe kleine Papaya
- 1 Banane
- 1 Scheibe Zitrone

NÄHRWERTTABELLE	
Portionsgröße	1 ¼ Glas
Kalorien	176 kcal
Fett	1 g
Kohlenhydrate	42 g
Protein	3 g

Rezept # 20 - Grünes Getränk für den Darm

Portionen: 1

Zutaten

- 1 Gurke
- 1 Zoll geschnittener Ingwer
- 1 Fenchelkopf
- 1-2 Handvoll Minzblätter
- ½-1 Zitrone (optional)

Wie man einen Frucht-/Gemüsesaft/Smoothie herstellt

- Reinigen Sie jedes Obst und Gemüse. Entfernen Sie bei Bedarf Kerne und Schalen, bevor Sie in kleine Stücke schneiden. Das Schneiden von Früchten in 1-Zoll-Würfel erleichtert das Mischen und maximiert die Saftgewinnung. Für harte Früchte wie Äpfel fügen Sie eine halbe Tasse Wasser pro vier Äpfel hinzu. Sie können später mehr Wasser hinzufügen, wenn Sie den traditionellen Mixer verwenden, wenn nötig, entsprechend der gewünschten Konsistenz.

- Die harten Zutaten zuerst einfüllen und die Püreefassung für einige Stunden verdoppeln. Dann weitere Zutaten zugeben und weiterrühren, bis die gewünschte Konsistenz erreicht ist. Vor dem Servieren in den Kühlschrank stellen, um abzukühlen.

NÄHRWERTTABELLE	
Portionsgröße	1 Tasse
Kalorien	40 kcal
Fett	0 g
Kohlenhydrate	8 g
Protein	2 g

Rezepte gegen einen undichten Darm

Rezept # 21- Superfood-für-den-Darm-Burger

Portionen:

Zutaten

- 1 ¼ Pfund grassgefüttertes Rinderhack
- ¼ Becher Bio-Senf
- ½ Tasse abgetropftes Bio-Sauerkraut
- ½ Bio-Salatkopf
- ½ Tasse Brunnenkresse
- ½ eine Bio-Weißzwiebel, in Scheiben geschnitten
- Himalaya-Meersalz nach Belieben

Zubereitung

1. Den Grill auf mittlerer Hitze erwärmen. Aus Rindfleisch vier ¾ Zoll dicke formen. Mit Salz würzen.
2. Hamburger bissfest kochen.

3. Verwenden Sie Salatblätter als „Sandwichröllchen" und geben Sie Hamburger, Zwiebeln, Brunnenkresse, Senf und Sauerkraut dazu.

Vorteile: Sie erhalten gute entzündungshemmende Fette wie CLA und Omegas aus dem grasgefütterten Hamburger, Probiotika und Phytonährstoffe aus Gemüse und gute Sauerkrautbakterien – alles in einer Mahlzeit!

NÄHRWERTTABELLE	
Portionsgröße	1 Hamburger
Kalorien	40 kcal
Fett	3 g
Kohlenhydrate	5 g
Protein	2 g

Rezept # 22 - Lachs mit Kräutern

Portionen:

Zutaten

Für den Lachs:

- 2 x 6 Unze Lachsfilets
- 1 Esslöffel Kokosnussmehl
- 2 Esslöffel frische oder getrocknete Petersilie
- 1 Esslöffel Dijon Senf
- 1 Esslöffel Olivenöl
- Salz und Pfeffer

Für den Salat:

- 2 Tassen Rucola
- ¼ rote Zwiebel, in dünne Scheiben geschnitten
- 1 Esslöffel Weißweinessig
- Saft aus 1 Zitrone
- 1 Esslöffel Olivenöl
- Salz und Pfeffer

Zubereitung

1. Den Ofen auf 450°F vorheizen.
2. Legen Sie den Fisch auf ein mit Aluminiumfolie oder Pergament ausgekleidetes Backblech.
3. Den Fisch mit Senf und Olivenöl bedecken und dann Filets damit einreiben.
4. Mehl, Petersilie, Salz und Pfeffer in einer kleinen Schüssel mischen.
5. Mit einem Löffel die Masse auf die Filets streuen. Die Filets vorsichtig klopfen.
6. Ca. 10-15 Minuten oder je nach gewünschtem Garpunkt garen.
7. Beim Kochen der Steaks alle Salatzutaten in einer großen Salatschüssel vermengen.
8. Sobald die Filets fertig sind, mit Salat belegen und servieren.

NÄHRWERTTABELLE

Portionsgröße	1 Filet
Kalorien	455 kcal
Fett	22,7 g
Kohlenhydrate	12 g
Protein	33 g

Rezept # 23 – Darmfreundliches Frühstücksei

Portionen: 4

Zutaten

- 8 Unzen gemahlenes Schweinefleisch oder Lamm
- 10 Kirschtomaten in der Hälfte
- 2 Tassen reichhaltiges Gemüse (z.b. Kohl, Mangold oder Grünkohl)
- 1 Tasse geriebene Karotten oder Süßkartoffeln
- 4 geschlagene Eier
- Meersalz und Pfeffer
- Avocado und Schnittlauch zur Dekoration

Zubereitung

1. In einer antihaftbeschichteten Pfanne Schweinefleisch oder Lamm bei mittlerer Hitze anbraunen. Fügen Sie geriebene Karotten (oder Süßkartoffeln) und Gemüse hinzu. Ca. 3 Minuten weiterkochen oder bis das Gemüse gar ist. Tomaten

in die Pfanne geben und ca. eine halbe Minute rühren.

2. Die Hitze auf ein Minimum reduzieren, die geschlagenen Eier hinzufügen und umrühren. Mit Salz und Pfeffer würzen. Mit der Lieblingsbeilage belegen und servieren.

NÄHRWERTTABELLE	
Portionsgröße	1 Tasse
Kalorien	208 kcal
Fett	57 g
Kohlenhydrate	30 g
Protein	51 g

Rezept # 24 - Hühnercurry mit Kokosnuss

Portionen: 1

Zutaten

- 1 Hähnchenbrust, gekocht und in mundgerechte Stücke geschnitten
- 1 x 13,5 Unzen Dose vollfette Kokosnussmilch
- 1 Esslöffel Olivenöl
- 1 Süßkartoffel, geschält und in halbe Würfel geschnitten
- 2 Knoblauchzehen, gehackt
- ½ Tasse gehackte grüne Zwiebeln
- ½ Esslöffel Kurkuma
- 1 Esslöffel Koriander
- ½ Esslöffel Kreuzkümmel
- ½ Teelöffel Zwiebelpulver
- Eine in Würfel geschnittene Zwiebel
- Gehackter Selleriestangen
- 1 Tasse Wasser
- 1 Teelöffel Salz
- 1 Avocado, geschnitten zur Garnierung

Zubereitung

1. Eine große Pfanne bei mittlerer Hitze platzieren und Öl dazugeben.
2. Gehackten Knoblauch dazugeben und leicht anbraten.
3. Zwiebeln hinzufügen, ggf. mehr Öl einfüllen und garen, bis die Zwiebeln durchsichtig sind.
4. Als nächstes das Zwiebelpulver, Kreuzkümmel, Kurkuma und Koriander hinzufügen. Die Kräuter mischen und die Kartoffeln, Sellerie und Schalotten dazugeben.
5. In eine Tasse Wasser und einen Teelöffel Salz geben. Kochen, bis die Kartoffeln weich sind.
6. Füge Hühner- und Kokosmilch hinzu. Einige Minuten köcheln lassen.
7. Vor dem Servieren mit Avocadoscheiben belegen.

NÄHRWERTTABELLE

Portionsgröße	1 Tasse
Kalorien	421 kcal
Fett	26,6 g
Kohlenhydrate	11,2 g
Protein	36,1 g

Rezept # 25 - Süßkartoffeln gefüllt mit Speck

Portionen: 1

Zutaten

- 2 Tassen frischer Spinat
- 2 mittelgroße Süßkartoffeln, gekocht, erhitzt und halbiert
- 1 große süße Zwiebel, in Scheiben geschnitten
- 4 Scheiben Speck
- 1 Avocado, gewürfelt
- 1 Schalotte, gehackt
- 3 Knoblauchzehen, in Scheiben geschnitten
- 1 Esslöffel Kokosnussöl

Zubereitung

1. Eine große Pfanne bei mittlerer Hitze anrichten und die Speckscheiben knusprig braten. Nach dem Kochen auf einen Teller geben und beiseite stellen. Das Fett nicht aus der Pfanne nehmen.

2. Einen Esslöffel Kokosöl in die Pfanne geben und Knoblauch und Zwiebel dazugeben. Bei mittlerer Hitze unter ständigem Rühren kochen, bis die Zwiebeln karamellisiert sind.
3. Knoblauch-Zwiebel-Mischung aus der Pfanne nehmen und beiseite stellen.
4. Spinat in eine Pfanne geben und garen, bis die Blätter welk sind.
5. Die geschnittenen Süßkartoffeln auf einen Servierteller legen. Mit karamellisierter Zwiebel-Knoblauch-Mischung, der Hälfte des Spinats, zwei Scheiben Speck und der Hälfte der Avocado garnieren. Servieren, solange es heiß ist.

NÄHRWERTTABELLE	
Portionsgröße	1 Tasse
Kalorien	340 kcal
Fett	14,6 g
Kohlenhydrate	38,2 g
Protein	14,6 g

Rezept # 26 - Fleischige Zucchini mit Zwiebeln und Pilzen

Portionen: 1

Zutaten

- 1 kleine Zucchini, dünn geschnitten
- 1 Fund gemahlener Bison
- 1 kleine weiße Zwiebel, dünn geschnitten
- 3 Esslöffel Kokosnussmehl
- 1 Esslöffel getrocknetes Basilikum
- 1 Esslöffel Zwiebelpulver
- 1 Esslöffel Knoblauchpulver und 1 Teelöffel Meersalz
- 2 Esslöffel Kalamata - optionale Oliven-Tapenade
- 10 Champignons, dünn geschnitten - optional

Zubereitung

1. Den Ofen auf 400°F vorheizen.

2. In einer mittelgroßen Schüssel Bison, weiße Zwiebel, Zwiebelpulver, getrocknetes Basilikum, Knoblauchpulver und Salz zubereiten. Beiseite stellen.

3. Am Boden einer großen gusseisernen Pfanne die Fleischmischung so fein wie möglich pressen.

4. Die Fleischmischung mit dem Olivenaufstrich in einer dünnen Schicht bedecken. Dann die Scheiben Zucchini, Zwiebel und Champignons gleichmäßig verteilen.

5. Ca. 25 Minuten backen oder bis das Gemüse zart ist und das Fleisch gut gekocht ist.

NÄHRWERTTABELLE

Portionsgröße	1 Scheibe
Kalorien	411 kcal
Fett	17 g
Kohlenhydrate	41 g
Protein	23 g

Rezept # 27 – Puten-Tortilla-Sandwich

Portionen: 2

Zutaten

- 8 Putenstreifen, dünn geschnitten
- 2 Tortillas ohne Körner
- 4 römische Salatblätter
- ½ Tasse Alfalfasprossen
- ½ Tasse geschredderte Karotten
- 1 Avocado, entkernt und in Scheiben geschnitten
- 2 Esslöffel Bio-Apfelessig
- Senf

Zubereitung

1. In einer trockenen Pfanne Tortillas erhitzen, bis sie weich sind.
2. Die Hälfte der Avocadoscheiben auf die Tortillas verteilen und mit dem Senf bestreichen.

3. Avocado- und Senfmischung mit vier Scheiben Putenfleisch pro Tortilla belegen.

4. Salatblätter zusammen mit Karotten und Sprossen auf die Putenscheiben legen.

5. Falten Sie die Tortillas in zwei Hälften oder verwenden Sie eine andere für jede Tortilla zum Abdecken.

NÄHRWERTTABELLE	
Portionsgröße	1 Sandwich
Kalorien	285,7 kcal
Fett	12,6 g
Kohlenhydrate	26,6 g
Protein	16,5 g

Rezept # 28- Gurken- und Krabbensalat

Portionen: 2

Zutaten

- 5 Unze Krabbenfleischstücke, gekocht und gekühlt
- 1 dünn geschnittene Gurke
- 2 Stangen Sellerie, dünn geschnitten
- ¼ Tasse fein geschnittene rote Zwiebel
- 2 Esslöffel Kokosnussnektar
- 2 Esslöffel Kokosnuss-Aminos
- 2 Esslöffel Zitronensaft
- 1 Esslöffel geröstetes Sesamöl
- 12 Unzen Kelp-Nudeln optional

Zubereitung

1. Alle Zutaten in eine große Salatschüssel geben. Alles vermischen, um eine Masse zu erhalten.

2. Kelp-Nudeln hinzufügen und vor dem Servieren abkühlen lassen.

NÄHRWERTTABELLE	
Portionsgröße	1 Tasse
Kalorien	201 kcal
Fett	6 g
Kohlenhydrate	11 g
Protein	26 g

3.

Rezept # 29 - Einfacher Brokkoli-Salat

Portionen: 2

Zutaten

- 3 Tassen Brokkoliröschen
- 2 Tassen Brokkolistängel, gerieben
- 1 Tasse Paläo-Mayonnaise
- ½ Tasse goldene Rosinen
- ½ Tasse grüne Zwiebeln, gehackt
- ½ Tasse Sonnenblumenkerne
- 2 Esslöffel Rotweinessig

Zubereitung

1. Grüne Zwiebeln, Rosinen, Sonnenblumenkerne, Brokkoliblüten und geriebene Stiele in einer großen Salatschüssel vermengen.
2. Essig hinzufügen und umrühren.
3. Mayonnaise zugeben und gut vermischen. Vor dem Servieren abkühlen lassen.

NÄHRWERTTABELLE	
Portionsgröße	1 Tasse
Kalorien	25 kcal
Fett	0 g
Kohlenhydrate	4 g
Protein	2 g

4.

Rezept # 30 - Israelischer Salat mit gegrilltem Huhn

Portionen: 2

Zutaten

- 1 englische Gurke, gehackt
- 2 extra große Tomaten, gehackt
- 1 rote Paprika, gehackt
- 1 gelbe Paprika, gehackt
- ½ mittelgroße rote Zwiebel, gehackt
- ½ Becher Kräuter, gehackt
- 4 Esslöffel Olivenöl
- Saft von ½ Zitrone (oder nach Belieben)
- Die Schale einer Zitrone
- Salz und Pfeffer
- Gegrilltes Hähnchen, zum Servieren

*Hinweis: Sie können zwischen italienischer Petersilie, Koriander, Minze oder einer Mischung davon wählen.

Zubereitung

Alle Zutaten in einer großen Salatschüssel zusammen geben, mischen, bis die Zutaten vollständig vermischt sind.

Mit gegrilltem Hähnchen servieren.

NÄHRWERTTABELLE

Portionsgröße	1 Gramm
Kalorien	204 kcal
Fett	15 g
Kohlenhydrate	3 g
Protein	13 g

Rezept # 31 - Geräucherte Forelle mit Zitrone

Portionen: 2

Zutaten

- 5 Eier
- 200 g geräuchertes Forellenfilet
- 2 Teelöffel Zitronensaft
- 1 Teelöffel Zitronenschale
- 1 Esslöffel Ghee oder Kokosöl
- Salz und Pfeffer
- 2 Zitronenspalten, zum Servieren

Zubereitung

1. Eier, Zitronensaft und Schale in einer Schüssel verrühren.
2. In einer Pfanne bei mittlerer bis starker Hitze erhitzen und Ghee oder Kokosöl erhitzen.
3. Eier hinzufügen und weich kochen.

4. Mit Salz und Pfeffer würzen. Auf einer Seite mit geräucherter Forelle und Zitronenscheiben servieren.

NÄHRWERTTABELLE	
Portionsgröße	100 Gramm
Kalorien	206 kcal
Fett	8 g
Kohlenhydrate	0,4 g
Protein	31,3 g

5.

Rezept # 32 - Zucchini-Nudeln

Portionen: 2

Zutaten

- 2 große Zucchini, gewaschen und getrocknet
- 1 Esslöffel Kokosnussöl
- Meersalz und Pfeffer

Zubereitung

1. Die Zucchini mit einem Mandolinenschneider in dünne Streifen schneiden, um Nudeln herzustellen.
2. Nudeln in ein Sieb geben und großzügig mit Meersalz bestreuen.
3. Ca. 20 Minuten beiseite legen oder bis die Nudelfeuchtigkeit entfernt ist.
4. Nach der vorgegebenen Zeit trocknen Sie die Nudeln mit einem Papiertuch.
5. Pfanne bei mittlerer Hitze platzieren und Ghee schmelzen. Nach dem Erhitzen die Nudeln

hinzufügen und ca. ein bis zwei Minuten rühren, bis sie gar sind.
6. Mit Ihrer Lieblings-Nudelsauce servieren.

NÄHRWERTTABELLE	
Portionsgröße	4 Unzen
Kalorien	90 kcal
Fett	8 g
Kohlenhydrate	4 g
Protein	1 g

Rezept # 33 - Würziger darmfreundlicher Salat mit Fischkuchen

Portionen: 2

Zutaten

Für den Fischkuchen:

- 750 g Weißfisch, gewürfelt
- 2 Eier
- 4 Frühlingszwiebeln (nur Grünteil), in Scheiben geschnitten
- 1 lange rote Chilischote, gehackt
- 1 ½ Tassen Macadamianüsse
- 1 Knoblauchzehe, gehackt
- 1 Esslöffel Apfel-Apfelessig
- 1 Esslöffel Kokosnussöl
- 1 Esslöffel Limettensaft

Für den Salat:

- 4 Eisbergsalatblätter

- ½ Große Gurke, in Scheiben geschnitten
- Eine Handvoll Kirschtomaten.
- Eine Handvoll vietnamesische Minze.
- 2 Esslöffel Olivenöl
- 2 Esslöffel Limettensaft
- 1 Limette, halbiert

Zubereitung

1. Fisch, 1 Ei, Frühlingszwiebel, Ingwer, Chili, Knoblauch und Kcalnsaft in eine Küchenmaschine geben. So lange bearbeiten, bis eine glatte Textur erreicht ist.
2. In einer Schüssel das andere Ei schlagen. Die Macadamianüsse auf einen Teller legen.
3. Fischmischung aus dem Prozessor nehmen und Pattys formen.
4. Ein Patty in das geschlagene Ei tauchen, in die Nüsse rollen und auf einen Teller legen. Machen Sie diesen Schritt für alle Hamburger.
5. Pfanne bei mittlerer Hitze platzieren und Ghee schmelzen. Sobald sie heiß sind, Fischkuchen braten, bis sie gut gar sind.

6. Für Salat alle Zutaten außer der Hälfte der Kcal in eine große Salatschüssel geben und mischen. Nach Belieben würzen.
7. Den Salat mit Fischkuchen und den Limettenhälften darüber servieren.

NÄHRWERTTABELLE	
Portionsgröße	1 Kuchen
Kalorien	175 kcal
Fett	6,5 g
Kohlenhydrate	26,5 g
Protein	5 g

Rezept # 34 – Speck-Huhn-Walnuss-Salat

Portionen: 2

Zutaten

Für den Salat:

- 1 ½ Tassen gekochtes und gewürfeltes Huhn
- 2 Tassen gemischte Salatblätter, gewaschen und abgetropft
- 4 Scheiben Freiland-, Nitrat- und zuckerfreier Speck
- 20 rohe Pekannüsse
- 1 rote Paprika, gewürfelt

Für das Dressing:

- 2 Esslöffel Zitronensaft
- 2 Esslöffel Olivenöl
- Salz und Pfeffer

Zubereitung

1. Eine Pfanne bei mittlerer Hitze platzieren und Speck kochen. Sobald es kalt ist, in Stücke schneiden.

2. Hähnchen, Salatblätter, Speckstücke, Pekannüsse und Pfeffer in einer großen Salatschüssel vermengen.
3. In einer kleinen Schüssel Zitronensaft und Olivenöl mischen. Mit Salz und Pfeffer würzen.
4. Den Salat mit dem Dressing bestreuen und nochmals vermengen. Servieren.

NÄHRWERTTABELLE	
Portionsgröße	1
Kalorien	667,9 kcal
Fett	42,3 g
Kohlenhydrate	27,3 g
Protein	46.1

Rezept # 35 - Spanische Wurst und gekochte Eier

Portionen:

Zutaten

- 2 Würstchen nach spanischer Art, gluten- und nitratfrei
- 6 Eier
- 1 Tasse Brokkoliröschen
- 1 rote Paprika, gewürfelt
- 1 Teelöffel gemahlener Koriander
- 1 Teelöffel Kreuzkümmel
- 1 Teelöffel Paprika
- 1 Teelöffel Ghee oder Talg

Zubereitung

1. Den Ofen auf 350°F vorheizen.
2. Eine antihaftbeschichtete Backform bei mittlerer Hitze platzieren. Das Öl erhitzen und den Ghee schmelzen. Die Haut der Würstchen entfernen und kochen.

3. Wenn die Würstchen fast gar sind, den Pfeffer hinzufügen und 2 Minuten kochen lassen. Brokkoli hinzufügen und weitere 2 Minuten weiterkochen.
4. Kreuzkümmel, Koriander und Paprika hinzufügen.
5. Eier hinzufügen und darauf achten, dass sie gleichmäßig gegossen werden. Weitere 2 Minuten weiterkochen, bevor sie in den Ofen gestellt werden.
6. Die Eier im Ofen ca. 10 Minuten garen. Sie werden wissen, dass sie fertig sind, sobald das Eiweiß fest ist. (Wenn Sie ein hartes Eigelb wollen, lassen Sie die Pfanne noch ein paar Minuten stehen.) Mit Salat dazu servieren.

NÄHRWERTTABELLE	
Portionsgröße	1
Kalorien	318 kcal
Fett	24 g
Kohlenhydrate	4 g
Protein	23 g

Rezept # 36 - Italienischer gegrillter Brokkoli

Portionen: 2-4

Zutaten

- 2 Tassen Brokkoli
- 6 Sardellen in Olivenöl
- 1 lange rote Chilischote, fein gehackt
- 2-3 Esslöffel Sardellenöl
- 2 Esslöffel Pinienkerne
- Pfeffer

Zubereitung

1. Eine antihaftbeschichtete Pfanne bei mittlerer Hitze platzieren und Öl und roten Chili hinzufügen. Etwa eine halbe Minute verrühren.
2. Sardellen hinzufügen und weiter rühren, bis sie sich zu zersetzen beginnen.
3. Brokkoli unter ständigem Rühren zugeben, bis alles vermischt ist.

4. Die Hitze herunterdrehen und den Topf mit einem Deckel abdecken. Den Brokkoli ca. 5-10 Minuten garen, bis er weich ist. Zögern Sie nicht, bei Bedarf ein paar Esslöffel Wasser hinzuzufügen.

5. Sobald der Brokkoli in Ordnung ist, die Pinienkerne hinzufügen und mit Pfeffer würzen. Die Pfanne vom Herd nehmen.

6. Alle Zutaten in eine Schüssel geben und sofort servieren.

NÄHRWERTTABELLE	
Portionsgröße	1 Unze
Kalorien	4 kcal
Fett	0,2 g
Kohlenhydrate	0,4 g
Protein	0,2 g

Rezept # 37 - Räucherlachs-Frühstück

Portionen: 2

Zutaten

- 1 geräuchertes Lachsfilet, zucker- und nitratfrei
- Eine Handvoll gemischter Salatblätter, gewaschen.
- 2 Eier
- 1 Zweig Dill, gehackt
- 2 Teelöffel Zitronensaft
- ½ Zitronen, halbiert
- 2 Teelöffel Olivenöl
- 1 Teelöffel Kokosnussöl

Zubereitung

1. Die Eier in einer kleinen Schüssel verquirlen.
2. Eine antihaftbeschichtete Pfanne bei mittlerer Hitze erwärmen und Kokosöl schmelzen lassen. Die Eier dazugeben und die Pfanne drehen, um die Oberfläche gleichmäßig abzudecken. Eine Minute kochen lassen und wenden. Noch eine Minute weiterkochen, so dass

beide Seiten goldbraun sind. Omelett vom Herd nehmen und abkühlen lassen.

3. Sobald die Omeletts kühl genug ist, um sie zu berühren, nehmen Sie sie aus der Pfanne. Rollen Sie sie wie einen Krepp auf und schneiden Sie sie in dünne Streifen.
4. Als nächstes Salatblätter und Dill in eine Schüssel geben. Olivenöl und Zitronensaft über den Salat gießen.
5. Das Lachsfilet in Flocken zerkleinern und in die Schüssel geben. Fügen Sie ebenfalls die Omelettstreifen hinzu. Auf Wunsch mit einer Scheibe Zitrone servieren.

NÄHRWERTTABELLE	
Portionsgröße	2 Unzen
Kalorien	90 kcal
Fett	1 g
Kohlenhydrate	2 g
Protein	11 g

Rezept # 38 - Scharfe Garnelen und Avocado-Turm

Portionen: 2

Zutaten

- 1 Tasse gekochte Garnelen, geschält, Schwänze entfernt und grob gehackt
- 1 Tasse Avocado, gewürfelt
- 1 Tasse Blumenkohlreis
- 1 Tasse Gurke, geschält und gewürfelt
- 1 Esslöffel Koriander, fein gehackt
- 1/3 Tasse Paläomayonnaise
- 1 Esslöffel Kokosaminos
- 2 Teelöffel Srirachasauce
- 1 Esslöffel Sesamöl
- 1 Esslöffel Sesamsamen
- Schwarzer Pfeffer

Zubereitung

1. Für die Herstellung von Blumenkohlreis die Rösschen in einer Küchenmaschine fein gehackt verarbeiten.
2. Blumenkohlreis und Sesamöl mischen und beiseite stellen.
3. Die Avocado in einer kleinen Schüssel pürieren, bis sie mäßig dick ist. Koriander hinzufügen.
4. In einer separaten Schüssel die Garnelen und Kokosaminosäuren mischen, bis die Garnelen gut bedeckt sind.
5. In einer anderen Schüssel Mayonnaise mit Srirachasauce kombinieren.
6. Legen Sie mit einem Ein-Tassen-Messlöffel in Schichten: ¼ Tasse Gurke, Avocado, Garnele und Blumenkohlreis. Drücken Sie leicht auf die Tasse, um einen kleinen Turm zu bilden.
7. Drehen Sie den Messlöffel vorsichtig auf einem Teller um. Mit einem leichten Druck auf die Unterseite der Klinge lösen. Tun Sie dies mit den restlichen Zutaten.
8. Jeden Turm mit einer Mischung aus Sriracha und Mayonnaise, Sesam und Pfeffer garnieren.

NÄHRWERTTABELLE	
Portionsgröße	1 Tasse
Kalorien	52,5 kcal
Fett	1,1 g
Kohlenhydrate	9,1 g
Protein	1,3 g

Rezept # 39 - Gebackener Seebarsch mit Zitronen-Kapern-Dressing

Portionen:

Zutaten

Für den Seebarsch:

- 4 x 100 g (oder 4 Unzen) Seebarschfilets
- Olivenöl, zum Pinseln
- Für das Kapern-Dressing:
- 2 Esslöffel kleine Kapern
- 2 Esslöffel glatte Petersilie (plus einige zusätzliche Blätter)
- Schale von 1 Zitrone
- 2 Esslöffel Zitronensaft
- 2 Teelöffel glutenfreier Dijon-Senf

- 3 Esslöffel natives Olivenöl extra

Zubereitung

1. Zum Anziehen Kapern, Zitronensaft, Zitronenschale, Senf, Olivenöl und 1 Esslöffel Wasser mischen. Denken Sie daran, die Petersilie wegzulassen, da die Säure in der Zitrone nur noch verblasst.
2. Den Ofen auf 220 ° C vorheizen.
3. Richten Sie ein Backblech mit Pergament oder Folie aus. Fisch mit der Haut nach oben legen. Die Haut mit Öl bestreichen und mit Salz würzen. Etwa 7 Minuten kochen lassen oder bis das Fleisch auf dem Boden beim Testen mit einem Messer schuppig wird.
4. Nach dem Kochen den Fisch auf einen Teller geben. Vor dem Servieren mit Dressing und Petersilie bestreuen.

NÄHRWERTTABELLE	
Portionsgröße	8 Unzen

Kalorien	243 kcal
Fett	5 g
Kohlenhydrate	12 g
Protein	1 g

Rezept # 40 - Speck -ortilla-Wedges - Sommersalatrezept

Portionen: 2-4

Zutaten

- 200 g geräucherter Speck
- 100 g Brie, in Scheiben geschnitten
- Hälfte von 1 Gurke, gesät und diagonal geschnitten
- 200 g geviertelter Rettich
- Kleiner Bund Schnittlauch, gehackt
- 6 Eier, leicht geschlagen
- 1 Teelöffel Dijon-Senf
- 1 Teelöffel Rotweinessig
- 2 Esslöffel Olivenöl
- Schwarzer Pfeffer

Zubereitung

1. Schalten Sie den Grill ein und erhitzen Sie einen Teelöffel Öl in einem kleinen Topf. Schmalz

anrichten und goldbraun und knusprig garen. In eine mit einem Geschirrtuch ausgekleidete Schale geben, um überschüssiges Öl abzulassen.

2. 2 Teelöffel Öl in einer antihaftbeschichteten Pfanne erhitzen.

3. Schmalz, Eier, Schnittlauch und gemahlenen schwarzen Pfeffer mischen. Die Mischung in eine Pfanne geben und köcheln lassen, bis die Omeletts zur Hälfte fertig ist. Brie darauf legen und goldbraun grillen. Omeletts auf den Teller geben und in Scheiben schneiden.

4. Senf, Essig, Restöl und Dressing in einer großen Salatschüssel vermengen.

5. Rettich- und Gurkenscheiben dazugeben. Mit Omeletts servieren.

NÄHRWERTTABELLE	
Portionsgröße	1 Omelett
Kalorien	377 kcal
Fett	30,7 g

Kohlenhydrate	7,1 g
Protein	7,3 g

Rezept # 41 - Lachs und Spinat mit Tartarcreme

Portionen: 1-2

Zutaten

- 2 Lachsfilets, enthäutet
- Beutel mit 250 g Spinat
- 2 Esslöffel frische Sahne
- 1 Teelöffel Kapern, abgetropft
- 2 Esslöffel Petersilie, gehackt
- Saft von ½ Zitrone
- Zitronenscheiben
- 1 Teelöffel Olivenöl

Zubereitung

1. Die Pfanne bei mittlerer Hitze auflegen und mit Öl beträufeln. Den Lachs auf beiden Seiten würzen und jede Seite ca. 4 Minuten oder goldbraun braten und das Fleisch wird beim Verzehr mit einem Messer zu Flocken. Auf einen Teller geben und beiseite stellen.

2. Spinat in die Pfanne geben und würzen. Decken Sie den Topf mit einem Deckel ab und lassen Sie die Blätter nach ca. eine Minute verdorren, wobei Sie sie ein bis zwei Mal umrühren.
3. Spinat auf zwei Teller verteilen und mit Lachs belegen.
4. Frische Sahne in einer Pfanne bei schwacher Hitze erhitzen. Zitronensaft, Petersilie, Kapern und Gewürze hinzufügen. Achten Sie darauf, dass es nicht kocht. Die Sauce über den Fisch gießen und mit den Zitronenscheiben servieren.

NÄHRWERTTABELLE	
Portionsgröße	1 Teller
Kalorien	321 kcal
Fett	20 g
Kohlenhydrate	3 g
Protein	32 g

5.
6.

Rezept # 42 - Schnelle und einfache Mischung aus schwarzem Reis

Portionen: 2

Zutaten

- 100 g schwarzer Reis
- 1L Wasser
- 8 Kirschtomaten, geviertelt
- ½ weicher roter Chilli, gehackt
- ½ rote Paprika
- 1 Esslöffel Frühlingszwiebelblätter, gehackt
- 1 Teelöffel geriebener Ingwer
- 2 Esslöffel frischer Koriander, gehackt
- ½ Teelöffel Puderzucker
- Saft von ½ Zitrone
- 1 Esslöffel Fischsauce
- 1 Esslöffel Sesamöl
- Meersalz und schwarzer Pfeffer

Zubereitung

1. Den Reis in einen Topf mit 1 Liter Wasser geben. Insgesamt 25 Minuten köcheln lassen.
2. Während der Reis kocht, den Pfeffer kochen, bis die Schale verkohlt ist. Vor dem Abschälen der Haut leicht abkühlen lassen. Die Paprika in Streifen schneiden.
3. Reis abgießen und in die Schüssel geben. Die Pfefferstreifen und die restlichen Zutaten hinzufügen und den Reis gut vermengen. Servieren und genießen.

NÄHRWERTTABELLE	
Portionsgröße	Eine halbe Tasse
Kalorien	233 kcal
Fett	5 g
Kohlenhydrate	39,9 g
Protein	7 g

Rezept # 43 - Haferflockenbrei mit Fruchtleckereien

Portionen: 1

Zutaten

Für den Brei:

- 23 g Hafer oder Haferkleie
- 150 ml Wasser
- 2 Teelöffel Sonnenblumenkerne
- 1 Teelöffel Vanillezucker

Zum Servieren:

- 80 g gemischte Früchte, gehackt (Heidelbeeren, Erdbeeren, Himbeeren und Clementinen)
- 50ml Reismilch

Zubereitung

1. Haferflocken und Wasser in einen Topf geben und aufkochen lassen. Zum Kochen bringen, Hitze reduzieren und einige Minuten köcheln lassen.

Denken Sie daran, den Brei umzurühren, um seine cremige Textur hervorzuheben.

2. In der Zwischenzeit die Kerne in einer Pfanne goldbraun trocknen.

3. Die Pfanne mit dem Haferbrei aus dem Ofen nehmen. Samen und Milch mischen.

4. Den Brei mit gehacktem Obst und Vanillezucker vor dem Servieren garnieren.

NÄHRWERTTABELLE	
Portionsgröße	1 Tasse
Kalorien	199 kcal
Fett	3,5
Kohlenhydrate	34,9
Protein	4,4

Rezept # 44 - Kokoshuhn mit Spinat

Portionen: 2

Zutaten

- 2 Knoblauchzehen, dünn geschnitten
- 2 kleine Hühnerbrüste
- 1 x 450 ml Dose Kokosmilch
- 1 großer Beutel Spinatblätter
- Olivenöl

Zubereitung

1. Einen kleinen Topf bei mittlerer Hitze erwärmen und eine kleine Menge Olivenöl hinzufügen. Knoblauch nach dem Erhitzen etwa eine halbe Minute lang garen oder bis er anfängt zu bräunen.
2. Huhn und Kokosmilch hinzufügen und dann köcheln lassen. Weitere 5 Minuten garen und mit einem Deckel abdecken.

3. Den Topf vom Herd nehmen und 20 Minuten ziehen lassen.
4. Dann das Huhn in dünne Scheiben schneiden. Das Huhn auf zwei Servierplatten verteilen.
5. In der Zwischenzeit den Spinat in die Pfanne geben und köcheln lassen, bis die Blätter verwelkt sind. Würzen, falls gewünscht.
6. Hühnerfleisch mit Gemüse belegen und mit Sauce übergießen. Servieren.

NÄHRWERTTABELLE	
Portionsgröße	9,8 Unzen
Kalorien	420 kcal
Fett	10 g
Kohlenhydrate	36 g
Protein	44 g

Rezept # 45 - Gebratener Ingwerlachs

Portionen: 2

Zutaten

- 2 Esslöffel Sesamöl
- 1 x 8 Unzen Wildlachsfilet, in große Stücke geschnitten
- 1 Bio-Karotte, dünn geschnitten
- 1 Tasse Erbsen
- 1 Frühlingszwiebel, gewürfelt
- 2 Esslöffel Ingwer, geschält und gerieben
- 1 Knoblauchzehe, geschält und gehackt
- ¼ Becher Cashewnüsse (ganz oder in Stückchen), trocken geröstet
- Weizenlose Tamarisauce
- Bio-Braunreisessig (oder Pflaumenessig)

Zubereitung

- Lachsstücke mit Salz und schwarzem Pfeffer würzen.

- Eine große Pfanne bei starker Hitze platzieren und Sesamöl dazugeben. Nach dem Erhitzen Lachsstücke kochen (2 Minuten pro Seite). Nach dem ersten Wenden sofort Erbsen und Karotten hinzufügen. Wenn beide Seiten gar sind, beginnen Sie mit dem sanften Mischen, während Sie Knoblauch und Ingwer hinzufügen.
- Kochen, bis das Gemüse weich ist.
- Ein paar Spritzer Essig und Tamari hinzufügen. Decken Sie den Topf mit einem Deckel ab und lassen Sie ihn ein bis zwei Minuten stehen. Vor dem Servieren mehrmals mischen.

NÄHRWERTTABELLE	
Portionsgröße	1 Portion
Kalorien	304 kcal
Fett	19,4 g
Kohlenhydrate	4,9 g
Protein	26 g

Rezept # 46 – Die ultimativen Nudeln für einen gesunden Darm

Portionen: 2

Zutaten

- 1 Zucchini
- 1 reife Avocado
- 1 Karotte
- 1 Tasse Erbsen
- Eine Handvoll Kürbiskerne
- Eine Handvoll frische Minze
- Eine große Handvoll Grünkohl
- 1 Teelöffel Olivenöl
- 1 Limette oder Zitrone
- Salz

Zubereitung

1. Beginnen Sie mit dem Kochen der Erbsen. Verwenden Sie kaltes Wasser. Während die Erbsen kochen, Karotten- und Zucchini-Nudeln mit einem Spiralisierer zubereiten.
2. Als nächstes Avocado, Grünkohl, Minze, Olivenöl und Salz in eine Küchenmaschine geben. Verarbeiten Sie alles, bis eine cremige Konsistenz erreicht ist. Sobald die Erbsen gekocht sind, fügen Sie etwa ¾ hinzu und verarbeiten es erneut.
3. Pesto-Sauce mit Nudeln vermengen und mit Kürbiskernen garnieren.

NÄHRWERTTABELLE	
Portionsgröße	3 Unzen
Kalorien	20 kcal
Fett	0 g
Kohlenhydrate	3 g
Protein	2 g

4.

Rezept # 47 - Kombucha

Portionen: 2-4

Zutaten

- 6 Stück grüne Teebeutel
- 1,5 Tassen unaromatisierter Tee
- 1 SCOBY (Symbiotische Kultur von Bakterien und Hefen)

Zubereitung

1. Wasser in einem Topf kochen. Vom Herd nehmen und Zucker hinzufügen. Teebeutel hinzufügen und das Wasser abkühlen lassen.
2. Nach dem Abkühlen die Teebeutel herausnehmen und den Starter Tee hinzufügen. Dies ist wichtig, um das Gemisch zu säuern und die Bildung von Bakterien vor dem Fermentationsprozess zu verhindern.
3. Gießen Sie die Startermischung in einen Krug und mischen Sie den SCOBY mit den Händen.

4. Stellen Sie sicher, dass es sauber ist. Befestigen Sie die Papierhandtücher über der Oberseite der Karaffe mit einem Gummiband zum Abdecken.
5. Ab dem siebten Tag können Sie eine Probe Kombucha probieren. Wenn es gut schmeckt, können Sie es in Flaschen abfüllen oder in Aufbewahrungsdosen füllen, um es im Kühlschrank zu verstauen.
6. Um Geschmack hinzuzufügen, können Sie Kräuter, Früchte oder Saft verwenden. Mischen und 1-3 Tage bei Raumtemperatur ziehen lassen. Wenn Sie Flaschengläser verwenden, achten Sie darauf, dass sic nicht zu stark karbonisiert werden, damit sie nicht explodieren. Im Kühlschrank bis zu 1 Monat aufbewahren.

NÄHRWERTTABELLE	
Portionsgröße	250 ml
Kalorien	30 kcal
Fett	0 g
Kohlenhydrate	5 g
Protein	0 g

7.

Rezept # 48 - Knusprige Frühlingsrolle

Portionen: 1

Zutaten

Wraps:

- 1/2 Tasse Pfeilwurzelstärke
- 4 Eier
- 2 Esslöffel Kokosöl
- 1 Esslöffel Sesamöl
- 1/4 Teelöffel Meersalz
- 3 Esslöffel Wasser

Füllung:

- 1 Tasse zerkleinerter Kohl
- 1 Teelöffel geriebener Ingwer
- 2 Esslöffel Sesamöl
- 1 Tasse zerkleinerte Karotten
- 2 Esslöffel grüne Zwiebeln, gehackt
- 1 Knoblauchzehe, gehackt
- 1/2 Tasse geschnittene Pilze
- 2 Esslöffel Kokosaminos

- 1/2 Tasse Brokkoli, fein gehackt
- 1/2 Tasse rote Paprika, gewürfelt
- Ghee oder Schmalz, zum Braten

Zubereitung

1. Für Wraps alle Zutaten außer Sesamöl mischen und in den Mixer geben. Mit der langsamsten Geschwindigkeit pürieren.
2. Eine antihaftbeschichtete Pfanne bei mittlerer Hitze vorheizen und Sesamöl einfüllen.
3. Gießen Sie die Mischung ebenfalls in die Pfanne, indem Sie einen 4-Zoll-Kreis zu bilden. Etwa eine Minute lang braten und dann auf die andere Seite wenden, um sie zu braten.
4. Auf einen Teller geben und die restliche Mischung für zusätzliche Verpackungen weiterkochen. Während der Vorbereitung zum Befüllen abkühlen lassen.
5. Für die Herstellung der Füllung das Sesamöl in einer großen Pfanne erhitzen. Grüne Zwiebeln, Knoblauch und Ingwer anbraten. Die restlichen Zutaten zugeben

und unter ständigem Rühren weich kochen. Vom Herd nehmen und abkühlen lassen.

6. Die Pfanne erhitzen und dann genügend Fett hinzufügen.

7. In der Zwischenzeit die Wraps auf eine ebene Fläche legen und dann einen Esslöffel der Füllung in die Mitte stellen. Die Masse vorsichtig aufrollen, bevor sie in die heiße Pfanne gegeben wird. Halten Sie sie mit der Zange fest, bis die Hülle fest sitzt, bevor Sie sie vollständig lösen. Vorsichtig allseitig goldbraun drehen und dann auf eine mit Papierhandtuch ausgekleidete Platte legen.

NÄHRWERTTABELLE	
Portionsgröße	1
Kalorien	190 kcal
Fett	7 g
Kohlenhydrate	25 g
Protein	3 g

Rezept # 49 - Daikon-Endiviensalat

Zutaten

Für den Salat:

- 2 Endivien, gehackt
- 4 Tassen Daikon, geschält und frisch gerieben
- 2 Karotten, geschält und gerieben
- 2 Esslöffel frische Minze, gehackt
- 1 Teelöffel Reissirup mit Malz
- Saft von 1 Zitrone
- 2 Esslöffel frischer Koriander, gehackt
- ½ Teelöffel Keltisches Meersalz

Für das Dressing:

- 1/2 Teelöffel gehackter Ingwer
- ½ Becher von Tahini
- 2 Esslöffel Reissirup mit Malz
- Die Schale einer Zitrone
- ½ Teelöffel Zimt
- ½ Teelöffel gemahlene Kurkuma

- 1 Teelöffel gemahlener Koriander
- 1 Teelöffel gemahlener Kreuzkümmel
- Prise Cayennepfeffer
- 1 Tasse Kokosmilch oder hausgemachter Joghurt
- 2 Esslöffel Apfelessig
- Saft aus 1 Zitrone
- Haselnüsse (zerkleinert), frischer Koriander und frische Minze zum Garnieren

Zubereitung

- Daikon, Chicorée und Karotten in einer Schüssel mischen.
- In einer großen Rührschüssel Zitrone, Reismalz-Sirup, Koriander, Minze und Salz mischen. Alle Zutaten verrühren.
- Alles zusammen mit Daikon, Endivien und Karotten mischen und ca. 15-30 Minuten marinieren lassen.
- Bereiten Sie das Dressing in einer anderen Schüssel zu, indem Sie Kokosmilch oder selbstgemachten Joghurt, Zitronensaft und Schale, Tahini,

Malzreissirup und Apfelessig mischen. Füge auch Koriander, Kreuzkümmel, Kurkuma, Ingwer, Cayennepfeffer und Zimt hinzu. Gut vermischen und das Dressing zum Abkühlen in den Kühlschrank stellen.

- Mit zerdrückter Haselnuss, Minze und Koriander servieren.

NÄHRWERTTABELLE	
Portionsgröße	100 Gramm
Kalorien	17 kcal
Fett	0,2 g
Kohlenhydrate	3,4 g
Protein	1,3 g

Rezept # 50 - Zucchini-Nudeln mit Wurst und gerösteter Knoblauchsauce

Portionen: 1

Zutaten

- 2 kleine Zucchini, gehackt
- 2 Esslöffel gerösteter Knoblauch
- 2 Esslöffel Olivenöl
- 1/4 Tasse Kokosmilch ohne Zusatzstoffe oder hausgemachten Joghurt
- 2 zuckerfreie Würstchen, fertig gegart
- Salz nach Belieben

Zubereitung

1. Einen kleinen Topf mit Wasser vorbereiten und zum Kochen bringen. Zucchinipaste in kochendes Wasser geben und ca. 1 Minute kochen, um sie weich zu

werden. Vom Herd nehmen und die Nudeln abgießen.

2. In einer kleinen Sauteuse das Olivenöl bei mittlerer Hitze erhitzen. Entfernen Sie die Hülle von der Wurst, auch wenn sie sich natürlich lösen sollte, sobald die Wurst abgekühlt ist. Die Würstchen in Olivenöl schneiden und goldbraun braten. Aus der Pfanne nehmen und zum Abkühlen beiseite stellen.

3. Mit restlichem Olivenöl in der Pfanne, geröstetem Knoblauch und Kokosmilch hinzufügen.

4. Bei schwacher Hitze erwärmen und die Sauce mit Salz abschmecken.

5. Die Nudeln und Würstchen auf einen Teller platzieren und die Schale mit der warmen Sauce bedecken.... Guten Appetit!

NÄHRWERTTABELLE	
Portionsgröße	4 Unzen
Kalorien	220 kcal
Fett	20 g
Kohlenhydrate	5 g
Protein	11 g

6.

SCHLUSSWORTE

Nochmals vielen Dank für den Kauf dieses Buches!

Ich hoffe wirklich, dass dieses Buch Ihnen helfen kann.

Im nächsten Schritt empfehle ich Ihnen, sich für unseren E-Mail-Newsletter anzumelden, um über neue Buchveröffentlichungen oder Werbeaktionen informiert zu werden. Sie können sich kostenlos anmelden und erhalten als Bonus unser Buch „7 Fitnessfehler, von denen Sie nicht wissen, dass Sie sie machen"! Dieses Bonusbuch bricht viele der häufigsten Fitnessfehler auf und entmystifiziert viele der Komplexitäten und der Wissenschaft, sich in Form zu bringen. Wenn Sie all diese Fitnesskenntnisse und -wissenschaften in einem umsetzbaren Schritt-für-Schritt-Buch zusammenfassen, können Sie Ihre Fitnessreise in die richtige Richtung beginnen! Um sich für unserem kostenlosen E-Mail-Newsletter anzumelden und Ihr kostenloses Buch zu erhalten, besuchen Sie bitte den Link und melden Sie sich an: www.hmwpublishing.com/gift

Wenn Ihnen dieses Buch gefallen hat, möchte ich Sie um einen Gefallen bitten: Würden Sie so freundlich sein, eine Rezension für dieses Buch zu hinterlassen? Ich würde es sehr begrüßen!

Vielen Dank und viel Glück!

Über den Co-Autor

Mein Name ist George Kaplo. Ich bin ein zertifizierter Personal Trainer aus Montreal, Kanada. Ich beginne damit zu sagen, dass ich nicht der breiteste Typ bin, den Sie jemals treffen werden, und das war nie wirklich mein Ziel. Tatsächlich habe ich begonnen, meine größte Unsicherheit zu überwinden, als ich jünger war, was mein Selbstvertrauen war. Das lag an meiner Größe von nur 168 cm (5 Fuß 5 Zoll), die mich dazu drängte, alles zu versuchen, was ich jemals im Leben erreichen wollte. Möglicherweise stehen Sie gerade vor einigen Herausforderungen oder Sie möchten einfach nur fit werden, und ich fühle mit Sicherheit mit Ihnen mit.

Ich persönlich war immer ein bisschen an der Gesundheits- und Fitnesswelt interessiert und wollte wegen der zahlreichen Mobbingfälle in meinen Teenagerjahren wegen meiner Größe und meines übergewichtigen Körpers etwas Muskeln aufbauen. Ich dachte, ich könnte nichts gegen meine Körpergröße tun, aber ich kann sicher etwas dagegen tun, wie mein Körper aussieht. Dies war der Beginn meiner Transformationsreise. Ich hatte keine Ahnung, wo ich anfangen sollte, aber ich habe gerade erst angefangen. Ich war manchmal besorgt und hatte Angst, dass andere Leute sich über mich lustig machen würden, wenn sie die Übungen falsch machten. Ich wünschte immer, ich hätte einen Freund neben mir, der sich auskennt, um mir den Einstieg zu erleichtern und mich mit allem vertraut gemacht hätte.

Nach viel Arbeit, Studium und unzähligen Versuchen und Irrtümern begannen einige Leute zu bemerken, wie ich fit wurde und wie ich anfing, mich für das Thema zu interessieren. Dies führte dazu, dass viele Freunde und neue Gesichter zu mir kamen und mich um Rat fragten. Zuerst kam es mir seltsam vor, als Leute mich baten, ihnen zu helfen, in Form zu kommen. Aber was mich am Laufen hielt, war, als sie Veränderungen in ihrem eigenen Körper bemerkten und mir sagten, dass es das erste Mal war, dass sie echte Ergebnisse sahen! Von dort kamen immer mehr Leute zu mir und mir wurde klar, dass es mir nach so viel Lesen und Lernen in diesem Bereich geholfen hat, aber es erlaubte mir auch, anderen zu helfen. Ich bin jetzt ein vollständig zertifizierter Personal Trainer und habe zahlreiche Kunden trainiert, die erstaunliche Ergebnisse erzielt haben.

Heute besitzen und betreiben mein Bruder Alex Kaplo (ebenfalls zertifizierter Personal Trainer) und ich dieses

Verlagsprojekt, in dem wir leidenschaftliche und erfahrene Autoren zusammenbringen, um über Gesundheits- und Fitnessthemen zu schreiben. Wir betreiben auch eine Online-Fitness-Website „HelpMeWorkout.com". Ich würde mich freuen, wenn ich Sie einladen darf, diese Website zu besuchen und sich für unseren E-Mail-Newsletter anmelden (Sie erhalten sogar ein kostenloses Buch).

Zu guter Letzt, wenn Sie in der Position sind, in der ich einmal war und Sie etwas Hilfe wünschen, zögern Sie nicht und fragen Sie... Ich werde da sein, um Ihnen zu helfen!

Ihr Freund und Coach,

George Kaplo

Zertifizierter Personal Trainer

Ein weiteres Buch kostenlos erhalten

Ich möchte mich bei Ihnen für den Kauf dieses Buches bedanken und Ihnen ein weiteres Buch (genauso lang und wertvoll wie dieses Buch), „7 Fitnessfehler, von denen Sie nicht wissen, dass Sie sie machen", völlig kostenlos anbieten.
Besuchen Sie den untenstehenden Link, um sich anzumelden und es zu erhalten:

www.hmwpublishing.com/gift

In diesem Buch werde ich 7 der häufigsten Fitnessfehler aufschlüsseln, die einige von Ihnen wahrscheinlich begehen, und ich werde zeigen, wie Sie sich leicht in die beste Form Ihres Lebens bringen können.

Zusätzlich zu diesem wertvollen Geschenk haben Sie auch die Möglichkeit, unsere neuen Bücher kostenlos zu bekommen, Werbegeschenke zu erhalten und andere wertvolle E-Mails von mir zu erhalten. Besuchen Sie hier den Link, um sich anzumelden:
www.hmwpublishing.com/gift

Copyright 2018 von HMW Publishing - Alle Rechte vorbehalten.

Dieses Dokument von HMW Publishing im Besitz der Firma A&G Direct Inc ist darauf ausgerichtet, genaue und zuverlässige Informationen in Bezug auf das behandelte Thema und den behandelten Sachverhalt bereitzustellen. Die Publikation wird mit dem Gedanken verkauft, dass der Verlag keine buchhalterischen, behördlich zugelassenen oder anderweitig qualifizierten Dienstleistungen erbringen muss. Wenn rechtliche oder berufliche Beratung erforderlich ist, sollte eine in diesem Beruf praktizierte Person bestellt werden.

Aus einer Grundsatzerklärung, die von einem Ausschuss der American Bar Association und einem Ausschuss der Verlage und Verbände gleichermaßen angenommen und gebilligt wurde.

Es ist in keiner Weise legal, Teile dieses Dokuments in elektronischer Form oder in gedruckter Form zu reproduzieren, zu vervielfältigen oder zu übertragen. Das Aufzeichnen dieser Veröffentlichung ist strengstens untersagt, und eine Speicherung dieses Dokuments ist nur mit schriftlicher Genehmigung des Herausgebers gestattet. Alle Rechte vorbehalten.

Die hierin bereitgestellten Informationen sind wahrheitsgemäß und konsistent, da jede Haftung in Bezug auf Unachtsamkeit oder auf andere Weise durch die Verwendung oder den Missbrauch von Richtlinien, Prozessen oder Anweisungen, die darin enthalten sind, in der alleinigen und vollständigen Verantwortung des Lesers des Empfängers liegt. In keinem Fall wird der Herausgeber für Reparaturen, Schäden oder Verluste aufgrund der hierin enthaltenen Informationen direkt oder indirekt rechtlich verantwortlich oder verantwortlich gemacht.

Die hierin enthaltenen Informationen werden ausschließlich zu Informationszwecken angeboten und sind daher universell. Die Darstellung der Informationen erfolgt ohne Vertrag oder Garantiezusage.

Die verwendeten Marken sind ohne Zustimmung und die Veröffentlichung der Marke ist ohne Erlaubnis oder Unterstützung durch den Markeninhaber. Alle Warenzeichen und Marken in diesem Buch dienen nur zu Erläuterungszwecken und gehören den Eigentümern selbst und sind nicht mit diesem Dokument verbunden.

Für weitere Bücher besuchen Sie bitte:

HMWPublishing.com

Lightning Source UK Ltd.
Milton Keynes UK
UKHW020637170621
385672UK00009B/556